목적 상실의 시대

영성신학

 신성종 지음

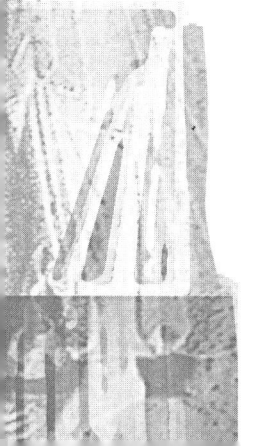

크리스챤서적

머리말

　이 책은 본래 횃불회의 세미나를 위해서 쓰였다. 필자가 선교한다고 다녔지만 후원자가 없어서 선교를 그만둘 수밖에 없었을 때 횃불회 이사장이신 이형자 권사가 지난 2년 동안 매달 200만 원씩 후원해 주어 계속해서 선교할 수 있었다. 이제는 자립할 수 있게 되었으나 그때는 정말 막막했다. 그동안 받은 바 은혜를 갚고자 한국 교회에 가장 시급한 영성문제를 다루려고 수십 권의 책을 읽고 또 그동안 체험한 것을 중심으로 "영성신학"이라는 제목의 책을 쓰기로 하였다. 필자가 세미나를 인도하는 데는 필자 나름대로 목적이 있다. 세상의 모든 것이 다 목적이 있듯이 필자의 세미나에도 세 가지 분명한 목적이 있다.

　첫째는 세미나는 밖에 나가서 외식을 하는 것과 같다고 생각한다. 필자는 아내가 해주는 음식을 반백년 먹다 보니 그것에 인이 박혀서 다른 사람이 만든 음식은 별로 좋아하지 않는다. 그러나 때로는 아내가 남편의 식사를 준비하는 것이 진력이 나서 남들이 하는 음식을 가끔 먹고 싶어 하기 때문에 아내를 위해 외식하기도 한다. 그럴 때면 가능하면 분위기 좋은 곳에 가려고 애쓴다. 사실 세미나도 일종의 외식하는 것과 같아서 별 유익은 없어도 새로운 맛은 나기 때문에 세미나 강의를 준비한다. 둘째는 목회자들이 여기저기서 별의별 것을 얼마나 많이 들었겠는가? 그러나 '구슬도 꿰어야 보석이 된다'는 말처럼 들은 정보를 조직화해야 할 필요가 있기 때문에 특정한 주제를 가지고 교역자들이 이미 가지고 있는 지식을 체계화한다는 심정으로 세미나를 인도한다. 세 번째는 가끔 강의를 통해서 도전적인 말을 양념처럼 넣어 충격을 주는 것이 필자의 목적이다. 이 책이 그런 역할을 해주기를 기대하면서 썼다.

사람이 세상에서 살려면 의·식·주 세 가지가 꼭 필요하다. 그러나 그것만으로는 부족하다. 왜냐하면 그것만으로는 생명은 유지되지만 사람답게 살 수 없기 때문이다. 또 다른 세 가지가 있어야 사람답게 살 수 있다. 사람이라고 다 사람은 아니기 때문이다. 그래서 오래전에 "사람이면 사람인가. 사람이라야 사람이지"라는 말이 유행한 적이 있었다. 그러면 사람다운 사람이 되기 위해 우리가 반드시 가져야 할 것은 무엇인가? 그것은 지성과 감성과 영성이다. 그 중에서도 현대에 있어서 가장 문제가 되는 것은 영성 부족에 있다고 생각한다. 이런 현상은 목회를 하는 목사들에게 더욱 심하다는 데 문제의 심각성이 있다. 그러나 평신도라고 할지라도 영성은 반드시 가져야 하며, 그것을 개발해야 신자답게 살 수 있다.

영성신학자인 권택조 박사는 2008년에 《기독교 영성신학》이라는 저작을 통해 교육의 강조점에 따라 근세사를 세 가지로 분류했다. 18세기의 계몽시대에서 1970년까지를 IQIntelligence Quotient:지능지수를 중시하는 지성 중심의 시대, 1980년에서 1990년까지를 EQEmotional Quotient:감성지수를 중시하는 감성 중심의 시대, 2000년 이후는 SQSpiritual Quotient:영성지수를 중시하는 영성 중심의 시대라고 지적했다. 그러나 그가 이 시대를 영성 중심의 시대라고 해서 이 시대가 영성 중심으로 가고 있다는 뜻은 아닐 것이다. 왜냐하면 지금처럼 영성이 무시되는 시대도 없기 때문이다. 필자는 이 시대를 영성 중심의 시대라고 한 그의 말을 영성 중심으로 가야 한다는 당위성을 강조한 말로 해석하고 싶다. 다시 말하면 이 시대에 가장 중요한 것이 영성이라는 뜻으로 말이다. 따라서 교육학적인 면에서 21세기는 영성의 문제가 중심이 되는 시대, 아니 좀 더 정확하게는 영성이 중심이 되어야 하는 시대라고 할 수 있다. 그래서 그런지 최근 영성에 대한 저술이 홍수처럼 쏟아지고 있다. 심지어 소그룹 영성, 결혼 영성, 독신생활 영성, 목회자 영성, 평신도 영성 등 아무 데나 영성이란 말을 붙이는 경향도 있다. 어떻게 보면 아무 데나 영성이란 말을 붙여서 비 성경적 영성을 만들어 내고 있는 것이다.

  물론 인간은 엄밀히 말해서 지성과 감성과 영성을 지닌 존재이다. 그러므로 인간은 이성적 존재이면서 감성적 존재이고, 동물과는 다르게 영성까지 소유한 영적 존재이다. 이 세 가지가 균형을 잡아야 모든 것이 조화를 이룬다. 그러나 실존 인간은 그렇지 못하고 그 중에 하나만을 추구하는 나쁜 습관이 있다. 특히 현대에 와서 많은 사람들이 영적인 존재임을 잊고 살고 있다. 그래서 동물적으로 사는 사람들이 있는가 하면 또 어떤 이들은 사람들이 도덕적으로 살면 그것이 존경의 대상이 되고 사람다운 삶이라고 착각한다. 그러나 도덕적 삶이 영성은 아니다. 물론 도덕성이 결여된 영성은 참된 기독교적 영성이 아니다. 그런 영성은 타종교에도 얼마든지 있으며 종교 없이도 가능하기 때문이다. 따라서 필자가 여기서 언급하려고 하는 것은 기독교적 영성, 좀 더 정확하게는 성경적 영성을 연구하려고 하는 것이다.

2015년 6월 신성종

차 례

머리말 · 2

1부_ 영성신학

1. 왜 영성 개발이 그처럼 시급한가? · 8
2. 영성신학이란 무엇인가? · 23
3. 왜 하필이면 영성을 가져야 하는가? · 52

2부_ 영성 개발의 방법은 무엇인가?

1. 기도를 통해서 영성 개발을 시작해야 한다 · 58
2. 성경 연구를 통한 영성 개발을 해야 한다 · 156
3. 영성 개발의 마지막 단계는 영성 훈련이다 · 188
4. 영성 개발은 섬김과 선교로 열매를 맺어야 한다 · 193

맺는 말 · 213

* 본문의 성경은 개역개정판입니다.

1부

영성신학

왜 영성 개발이 그처럼 시급한가?

이 항목은 나중에 세밀하게 다룰 것이기 때문에 여기서는 서론적으로만 다루기로 한다.

첫째로 지금 수많은 사람들이 자아 상실증으로 인해 "삶의 목적을 상실"하고 있기 때문이다. 이것을 가장 잘 지적한 사람이 새들백교회의 당회장인 릭 워렌이다. 지금까지 우리는 "하면 된다"는 신념만 가지고 한강의 기적을 만들어 냈다. 그러나 지금은 "아무리 노력해도 되는 게 없다"는 불만이 우리 사회에 가득 차 있다. 이것은 "희망 상실증"이란 병에 걸렸다는 뜻이다. 다시 말해 우리에게는 미래가 없다는 말이다. 이 희망 상실증에서 벗어나려면 영성 개발 외에 다른 대안은 없다고 본다.

금년에 200만 부나 팔린 웹툰 만화책이 있다. 《미생》이라는 제목의 작가 윤태호의 만화책인데 이번에는 그것을 드라마로 tvN에서 상영했다. 본래 미생이란 말은 바둑 용어다. 아직 죽지 않은 자, 혹은 아직 살지 못한 자라는 뜻인데 집이나 대마가 살아 있지 않은 상태를 말한다. 드라마에서는 장그래라는 청년이 하루하루를 고뇌하고 자책하고 회사라는 굴레 속에서 비정규직으로 살아남으려고 몸부림치는 모습을 통해 오늘의 우리 현상을 너무도 리얼하게 묘사하고 있어 청년들에게 큰 호감을 주고 있다.

놀라운 것은 이 〈미생〉이라는 드라마가 전에 한류 바람을 일으킨 〈별에서 온 그대〉를 뛰어넘어 최고의 드라마로 뽑혔다는 데 있다. 왜 이런 인기를 끌게 되었을까? 아마도 그것은 이 시대상을 가장 잘 표현하고 있기 때문이고 거기에는 무엇인가 완생의 희망이 있기 때문일 것이다.

둘째로 만병의 원인이 되는 스트레스가 너무도 심각하다. 심지어 어린아이들까지도 부모들의 교육 욕심으로 인해 그들 나름대로의 스트레스가 있다.

셋째로 우울증이 매년 320만 명이나 된다는 통계이고 이로 인해 자살자의 수가 매년 14,160명 정도나 된다는 통계가 나와 있다. 더욱이 OECD 국가 중에서 자살자의 수가 가장 많다는 데 문제의 심각성이 있다. 그런데 자살의 이유를 보면 우울증이 가장 많고, 다음은 생활고와 질병 순으로 되어 있다. 몇 년 전 진안군의 자살률이 노인만 30퍼센트였다고 하니 얼마나 심각한가?

네 번째로 불면증이다. 불면증은 우울증으로 연결되기 때문에 간단한 일이 아니다. 게다가 커피를 마시는 비율이 이제는 세계 제일을 차지하고 있다. 시내를 보면 한 구역마다 커피숍이 하나씩 있다. 그러니 잠이 더 안 올 수밖에 없다.

다섯째는 만성피로증이다. 특히 젊은이들과 중년층에 심각하다. 이것은 결국 암을 비롯한 수많은 질병으로 이어진다.

여섯째는 정신 질환이다. 정신 질환은 보통 뇌에 문제가 생겨나는 질환으로 크게 정신증과 신경증으로 나눈다. 신경증에는 전환 장애, 강박 장애 등이 있다. 정신증에는 조현증, 조울증, 우울증 등이 있고 그밖에도 인격 장애, 지적 장애, 자폐증 등 헤아릴 수 없을 정도로 많다. 가장 큰 문제는 이들을 치료하는 병원들과 전문가가 많지 않다는 점이다. 또 여기저기에 있는 기도원에서는 이들 정신 질환 환자들을 고친다고 하면서 이들을 구금하여 평생을 그곳에서 살게 하는 경우가 많다. 또 깊은 신앙과 신학이 없는 신자들이 답답하여 지푸라기라도 잡고 싶어하는 것을 이용하여 소위 예언기도를 한다고 헌금을 내게 하는 예수 장사꾼들이 큰 문제이다.

일곱째는 자살자의 증가이다. 자살은 삶의 목적을 상실한 결과이다.

그러면 이런 것들을 어떻게 해결할 수 있는가? 필자는 가장 중요하고 시급한 것이 영성 개발이라고 굳게 믿고 있다.

바로 이런 이유 때문에 우리들에게는 영성 개발이 시급한 과제다.

그러면 먼저 어떻게 이 목적 상실증을 해결할 수 있는가? 가장 좋은 책은 릭 워렌이 쓴 《목적이 이끄는 삶》The Purpose Driven Life:2002이다. 그 내용을 요약하여 독자들에게 참고로 삼게 하고 싶다. 릭 워렌은 하나님의 자녀들에게는 세상이 줄 수 없는 네 가지의 축복이 있다고 했다. 첫째는 죄를 용서받는 축복이요 둘째는 마음의 평안이요 셋째는 하나님의 자녀로 살 수 있는 축복이요, 넷째는 하나님의 진정한 목적을 아는 축복이라고 했다. 워렌은 그의 책이 삶의 중요한 질문에 대한 답을 발견할 수 있도록 40일간의 영적 여정을 위한 안내서가 되기를 바라고 있다.

왜 릭 워렌이 40이란 숫자에 얽매여 있는가? 그는 성경에서 노아는 40일 동안 내린 비로 변화되었고, 모세는 시내산에서 40일 동안에 변화되었고, 이스라엘의 12명의 정탐꾼들은 약속의 땅을 40일 동안 바라보면서 변화되었다고 한다. 또 다윗은 골리앗과 40일간의 도전으로 변화되었고, 엘리야는 하나님이 주신 음식을 먹고 40일간 기운이 남는 체험을 했다. 니느웨의 온 도시는 하나님께서 회개하도록 기회를 주신 40일 동안 변화되었고, 예수님은 40일간의 광야생활을 통해 능력을 받았다. 또 예수님의 제자들은 예수님의 부활 후 40일간 함께 지내면서 변화되었다고 지적하면서 40일이라는 기간 동안 우리의 삶도 변화를 일으킬 것이라고 강조하면서 그 책을 구상했다.

우리는 왜 이 세상에 존재하는가? 이 근본적 질문에 대해 워렌은 모든 것은 하나님으로부터 시작해야 한다고 지적한다. 삶의 목적은 개인의 성취감이나 마음의 평안과 행복감 이상의 것이며 가족, 직업, 꿈과 야망보다 훨씬 더 큰 것이라고 했다. 삶의 목적에 대해 사람들은 혼란되어 있는데 그 이유는 고민의 출발을 우리 자신에게서 시작하기 때문이라고 했다. 그래서 자기중심적 질문을 한다. 워렌은 욥기 12장 10절에서 그 해답을 찾는다. "모든 생물의 생명과 모든 사람의 육신의 목숨이 다 그의 손에 있느니라." 따라서 우리는 자신 안에서 삶의 의미를 발견할 수 없다는 것이다. 왜냐하면 우리는 하나님을 위해 만들어진 것이지 우리를 위해 하나님이 존재하는 것은 아니기 때문이라고 했다.

그러면 도대체 인간의 삶의 의미는 무엇인가? 그것은 바로 계시의 말씀인 성경에 있다고 하면서 그는 그의 책에서 다섯 가지 목적을 제시한다. 워렌이 그렇게 하는 것은 하나님은 우리 삶의 시작일 뿐 아니라 우리 삶의 근원이기 때문이라고 했다. 다시 말하면 예수 그리스도 안에서만 우리가 누구인지 무엇을 위해 살아야 하는지를 알 수 있다고 했다.

우리가 그 다섯 가지의 삶의 목적을 찾으려면 첫째로 그리스도와의 관계에서 정체성과 삶의 목적을 발견하라는 것이다. 우리가 하나님에 대해서 생각하기 훨씬 전에 하나님께서는 우리에 대해 생각했다는 것이다. 그뿐 아니라 우리의 삶의 목적은 하나님의 영광을 위해 계획해 놓으신 것보다 더 큰 목적의 한 부분임을 잊지 말라고 했다. 둘째로 우리는 우연의 산물이 아니고 영원하신 하나님의 뜻이 있다는 것이다. 셋째로 삶의 원동력이 있다고 했다. 사실 사람은 그 무엇에 이끌리어 살고 있다고 하면서 그 책의 제목인 《The Purpose Driven Life》에서 'driven' 길을 인도하다, 통치하다, 방향을 제시하다의 뜻을 설명하고 인간은 죄의식, 분노, 두려움, 물질, 인정받으려는 욕구 때문에 끊임없는 행사들을 연속적으로 한다고 했다. 넷째로 인간에게는 현재가 전부가 아니라 영원히 존재하도록 지어졌음을 기억하라고 했다. 다섯째로 모든 것을 인간의 관점이 아닌 하나님의 관점에서 바라보라고 권한다. 왜냐하면 삶에 대한 관점이 우리의 삶을 만드는 동기 부여가 되기 때문이라고 했다. 그는 삶의 정의에 따라 운명이 결정된다고 했다. 그리고 이 땅에서의 삶은 단순히 시험이며 이 시험에 의해 개발되고 다듬어진다고 했다. 여섯째로 삶은 일시적인 것이며 내세에 우리가 살게 될 영생에 비하면 이 땅에서의 삶은 순간이라고 했다. 일곱째로 모든 것이 존재하는 이유는 하나님을 위해 존재하며 그의 영광을 위해 있는 것이라고 했다. 우리가 하나님께 영광을 돌리는 방법은 예배, 다른 사람들을 사랑함으로, 그리스도를 닮아가고 다른 사람들을 섬기며 하나님에 대해 증거함으로 하나님께 영광을 돌린다는 것이다.

그러면 인생의 목적은 무엇인가? 이에 대해 릭 워렌은 첫째는 하나님께 기쁨을 주기 위해서 순종하고 찬양하며 감사하고 능력을 사용하고 하나님을 신뢰하는 데 있다고 했다. 둘째는 하나님의 가족으로 태어났다는 것이다. 삶이란 사랑에 관한 것이고, 삶이란 어떻게 사랑하느냐와 관계 회복에 있다고 했다. 셋째는 우리의 목적은 그리스도를 닮도록 창조되었고, 성장하고, 진리를 인한 변화와 시험을 통한 성장이 목적이라고 했다. 넷째는 하나님을 섬기기 위해 지금의 모습으로 지음을 받았다는 것이다. 그러므로 우리는 사명을 받아들이고, 내 모습을 이해하고, 주신 모습으로 섬기고, 주의 마음으로 생각하고 약함을 통한 하나님의 능력을 받는 데 있다는 것이다. 마지막 다섯째는 우리는 사명을 위해 지음을 받았다고 했다. 특히 그리스도의 지상명령을 실천하고 삶의 메시지를 나누며, 세상의 크리스천이 되어야 하고, 삶의 균형을 잡고, 목적이 있는 삶을 사는 데 있다고 말한다.

끝으로 릭 워렌은 다섯 가지의 질문을 한다. 첫째로 내 삶의 중심이 무엇인가? 그것은 하나님이어야 한다. 둘째로 어떤 성품의 사람이 되어야 하는가? 그것은 제자도라고 했다. 셋째로 내 삶을 어디에 기여해야 하는가? 그것은 섬김의 문제라고 했다. 넷째로 나는 어떤 전달 도구가 되어야 하나? 그것은 선교의 도구여야 한다. 마지막 다섯째로 내 삶의 동역자는 누구인가? 그것은 교제라고 했다. 그러면서 릭 워렌은 목적을 가지는 삶이 참된 삶을 사는 유일한 길이라고 결론짓는다.

이 책은 삶의 목적 없이 방황하는 많은 사람들에게 다시 한 번 자신의 삶의 방향을 정하도록 도와주는 좋은 책이라고 생각한다.

사족이지만 필자는 《이런 교회가 성장한다》1993를 쓰기 위해 1992년에 새들백교회의 릭 워렌을 한 시간 반 동안 만나서 대담한 적이 있었다. 그때 릭 워렌에 대해 받은 인상은 첫째로 아주 겸손하다는 인상을 받았다. 사전에 약속도 없이 불쑥 찾아간 필자를 귀한 손님 대하듯 만나주고 진솔하게 교회 성장의 비결을 털어놓았기 때문이다. 둘째는 신학적 생각을 하는 논리적 인물이란 점이고, 셋째는 자기의 사역에 확신을 가지고 있다는 점이었다. 넷째는 연구하는 일에 헌신적인 사람이라는 인상을 받았다. 그러나 그의 이번 책《목적이 이끄는 삶》은 필자에게는 새들백교회 이야기보다 덜 감동적이었다. 왜냐하면 《목적이 이끄는 삶》이란 책의 내용은 40일에 맞추어 훈련을 하기 위한 평범한 훈련 교재였기 때문이다. 그럼에도 불구하고 이 책이 그렇게 많은 사람들에게 영향을 준 것은 무엇 때문인가? 첫째는 현대인들이 목적도 없이 바쁘게 살고 있는 때에 그들에게 꼭 필요한 말을 적시에 했기 때문이고, 둘째는 미국이란 나라는 기독교적 영향이 큰 나라이기 때문에 그런 결과가 왔다고 생각한다. 이것은 가정이지만 그가 만약 한국의 목회자였다면 절대로 그런 영향을 끼치지는 못했을 것이고 책도 그렇게 많이 팔리지 못했을 것이다. 왜냐하면 한국에서는 목사보다 연예인이나 가수들을 더 존경하기 때문이다. 지금 한국의 실정은 예수님이 오셔서 말씀해도 별로 언론과 정계와 사회의 관심을 끌지 못하는 그런 나라, 즉 종교적 무관심의 나라가 되었다. 옛날에는 교인들의 숫자는 많지 않아도 목사라면 절대로 거짓말은 하지 않는 사람으로 여겼지만 지금은 대형교회의 목회자들 중에 많은 분들이 사회적으로 지탄을 받고 있는 실정이 되었기 때문이다.

솔직히 말해서 《새들백교회 이야기》 안에는 이미 목적이 이끄는 삶의 내용과 뿌리와 원리가 다 포함되어 있고, 그것을 좀 더 모든 사람들에게 일반적으로 적용할 수 있게 만들었을 뿐이라고 하면 지나친 혹평인가?

그러면 필자가 그렇게 높이 평가한 《새들백교회 이야기》는 어떤 책인가? 간단히 말하면 교회 성공에 이르기까지의 자신의 간증이며 그의 목회 철학이다. 릭 워렌은 1970년대 미국에서 가장 빨리 성장한 교회의 목회자이다. 교회의 위치는 오렌지카운티에 있는 새들백 밸리이다. 그는 모든 신학은 어떤 상황 안에서 이루어진다고 주장하면서 그 배경을 진솔하게 언급하고 있기 때문에 많은 감동이 된다. 그는 목회 성공의 원리를 찾아서 1974년 학생 선교사로 있었을 때 남침례교회의 어떤 선교사의 집 서재에서 기독교학생회IVP에서 발행한 도날드 맥가브란의 기사를 본 것에서 그의 눈이 열리게 되었다고 고백한다. 그는 8개의 질문에서 충격을 받은 것 같다. 첫째, 교회들이 행하는 것 중에서 참으로 성경적인 것이 얼마나 되는가? 둘째, 우리가 행하고 있는 것 중에서 참으로 문화적인 것이 얼마나 되는가? 셋째, 왜 어떤 교회는 성장하는데 다른 교회는 죽어 가는가? 넷째, 무엇이 자라는 교회들의 성장을 멈추게 하고 현상 유지 상태로 가다가 급기야는 줄어들게 하는가? 다섯째, 성장하는 교회들에는 어떤 공통점이 있는가? 여섯째, 모든 문화권 속에서 동일하게 효과적인 어떤 원리들이 있는가? 일곱째, 성장의 저해 요인은 무엇인가? 여덟째, 성장하는 교회들에 관해서 사실이 아닌 신화들은 무엇인가?

릭 워렌은 신학교 조교수로 있으면서 100교회를 연구하였다고 한다. 거기서 그가 발견한 것은 목회자가 한 교회에 오래 있다고 해서 성장하는 것은 아니지만 자주 바뀌는 것이 성장을 못하게 한다는 것을 발견한 것이다. 그래서 그는 한 교회에 평생을 바칠 수 있는 사역자가 되도록 기도했다고 한다.

릭 워렌은 신약 교회의 목적을 발견했는데 그 내용은 크게 다섯 가지라고 했다. 첫째, 교제를 통해 더 따뜻하게 자랐다. 둘째, 제자훈련을 통해 더 깊이 있게 되었다. 셋째, 예배를 통해 더 강하게 되었다. 넷째, 사역을 통해 더 넓게 확장되었다. 다섯째, 전도를 통해 더 크게 되었다는 것이다. 여기서 우리는 릭 워렌이 학생 시절에 벌써 신학적 분석력이 뛰어난 사람이었던 것을 알 수 있다.

릭 워렌은 100교회의 비교 연구를 통해 여덟 가지 발견한 것을 요약하고 있다. 첫째, 대형교회들의 유일한 관심사는 출석 인원에 있다. 둘째, 대형교회들의 성장은 소형교회의 희생을 바탕으로 이루어졌다. 셋째, 양과 질 중 하나를 택해야 한다. 넷째, 교회의 메시지와 사명을 타협해야 성장한다. 다섯째, 철저히 헌신하기만 하면 성장할 수 있다. 여섯째, 교회 성장에는 단 하나의 비결이 있다. 그것은 복잡한 요인에 의하지 않는다. 일곱째, 하나님이 원하는 것은 오직 하나 즉 충성이다. 여덟째, 대형교회에서는 배울 게 없다. 그러면서 그는 이렇게 결론짓는다. 교회 성장은 하나님과 인간의 협력 사역이며 인간의 숙련된 노력을 통해 나타난 하나님의 능력에 의해 성장한다. 신약에서는 목회를 밭 가는 일고전 3:5-9, 집을 세우는 일고전 3:10-13, 밭을 추수하는 일마 9:37-38, 그리스도의 몸을 자라게 하는 일롬 12:4-8; 엡 4:16로 표현하고 있다.

릭 워렌은 교회의 성장과 교회의 건강을 밀접하게 관련시킨다. 그 비결은 세 가지가 분명해야 한다고 보고 있다. 첫째 주인Master이 누구인가? 둘째, 메시지Message는 무엇인가?

셋째, 동기Motive는 무엇인가? 이차적 사항은 첫째, 대상 Market을 바로 알고, 둘째 모델Model을 어떻게 할 것인가? 셋째, 방법Method은 무엇인가를 아는 것이 교회 성장의 비결이라고 보았다.

그러면 교회의 목적은 무엇인가? 첫째는 예배네 마음을 다해 주님을 사랑하라, 둘째는 사역네 이웃을 자신처럼 사랑하라, 셋째는 전도가서 제자를 삼으라, 넷째는 교제세례를 주라, 다섯째는 제자 훈련지키도록 가르치라이라고 했다.

다시 본론으로 돌아가, 그러면 영성에서 말하는 이 영은 도대체 무엇인가? 그것을 성경적으로 알려면 데살로니가전서 5장 23절을 바로 알고 해석해야 할 것이다. "또 너희의 온 [영과 혼과 몸]이 우리 주 예수 그리스도께서 강림하실 때에 흠 없게 보전되기를 원하노라". 오리겐은 이 구절을 중심으로 그의 유명한 삼분설을 주장했다. 그러나 그의 주장은 창세기에 나오는 인간 창조의 기록과 배치가 된다. 창세기에 보면 하나님께서 인간을 창조하실 때에 흙으로 몸을 만들고 그 속에 그의 "생기"영혼를 불어넣으셨다고 했다. 그러므로 이분설이 정통적 해석이다.

그러면 데살로니가전서 5장 23절에서 말하는 영과 혼의 구별은 무엇을 말하는가? 그것은 인간의 본질을 말하는 것이 아니라 영혼의 두 가지 기능을 구별해서 말하고 있는 것으로 보여진다. 즉 영혼에는 영적 기능, 즉 하나님과 교통하며 동행하는 기능이 있고 또 혼적 기능, 즉 생각하는 이성과 느끼는 감성을 주셨는데 그것이 온전히 주 강림할 때까지 보전되기를 바란다는 뜻이다.

여기서 필자가 관심을 가지는 것은 그 영은 도대체 우리 몸의 어디에 존재하고 있는 것일까?이다. 1981년에 로저 스페리 박사는 "좌뇌와 우뇌"의 기능이 서로 다르다는 것을 발견하고 증명함으로써 노벨상을 받았다. 좌뇌가 발달한 사람은 잘 외우고 기억하는 지성이 발달해 있지만 반대로 우뇌가 발달한 사람은 흔히 천재들에게서 나타나듯이 감성이 발달해 있다는 것이다. 특히 놀라운 것은 스페리 박사가 인간의 두뇌 중심부에는 소위 신神뇌라고 하는 것이 있어서 영성을 관장한다고 한 점이다. 왜 그가 "신뇌"라고 이름을 붙였을까? 아마도 그것은 그가 다르게 이름 지을 수밖에 없는 신비한 그 무엇이기 때문이었을 것이다.

재미있는 것은 2014년 10월 9일자 조선일보 A28면에 캐나다의 몬트리올 뇌신경학 연구소의 브렌다 밀너Brenda Milner 박사가 소개된 것이다. 그는 뇌의 기억과 망각에 대한 연구의 대가이다. 밀너 박사는 기존의 기억 작동 원리를 송두리째 뒤엎은 것으로 유명하다. 1950년대까지만 해도 우리가 경험한 것을 기억하는 데 뇌 전체가 쓰인다고 보았던 것을 밀너 박사는 그 이론을 뒤집고 기억은 측두엽 안쪽에 있는 해마海馬:지름 1센티미터, 길이가 5센티미터 되는 뇌의 일부로 기억을 담당한다에 있다는 사실을 밝혀낸 것이다. 그것을 그는 임상실험을 통해서 증명했다. 밀너는 지금 96세의 고령임에도 아직도 현역 여자 교수로 열심히 연구하고 있다. 여기서 필자가 관심을 가지는 것은 인간의 영 혹은 영혼이 우리의 몸 어디에 존재하고 있느냐이다. 심장 속에 있는가? 아니면 두뇌 속의 기억을 담당하는 해마海馬에 있는가? 두뇌 속에 있다면 두뇌 중심부에 있는 소위 신뇌神腦에 있는 것인가? 이것이 중요한 것은 이 영 혹은 영혼의 소재지가 어디냐에 따라 의사가 뇌의 수술을 할 때 어떻게 해야 하느냐가 결정되어지기 때문이다. 그러나 어쩌면 그것은 인간에게 있어서 영원한 신비의 과제로 남을지도 모른다. 왜냐하면 하나님께서는 인간을 창조하실 때 신비롭게 창조하셔서 어떤 것은 문명의 발달과 함께 하나씩 밝혀지도록 했지만 또 어떤 것은 하나님 앞에 서기까지 영원히 알 수 없도록 인간을 창조했기 때문이다.

요컨대 세속화된 현대에 있어서 영성 회복과 영성 개발이야말로 오늘날 우리가 당면한 가장 중요한 과제의 하나라고 필자는 믿는다. 그런 점에서 필자는 이 《영성신학》이라는 책을 쓰게 된 것이다.

물론 이성, 감성, 영성을 가진 인간이 세 가지를 균형 있게 개발해야 하지만 지금은 세속화로 인해 영성을 상실한 사람들이 너무도 많고, 심지어 목회자들 가운데서도 영성이 개발

되지 않은 채 목회를 함으로 교회는 물론 사회적 물의를 일으키고 있는 것이 지금 한국 교회가 당면한 위기라고 생각한다.

2005년의 인구 조사의 결과를 보면 지난 10년1995-2005 동안에 천주교는 74.4퍼센트 성장하여 514만 명의 신자 수가 되었고, 다음은 불교로 3.9퍼센트 성장하였고, 개신교는 1.6퍼센트 마이너스 성장하여 861만 명의 신자수라고 발표했다. 이 수치는 바로 개신교의 현주소요 바로미터이다. 그런 점에서 여기서는 지성이나 감성은 제외하고 오직 영성신학만을 중심으로 다루려고 한다.

2

영성신학이란 무엇인가?

그동안 영성Spirituality에 대해 수천, 수만의 책들이 출판된 것만으로도 그 중요성을 짐작할 수 있다. 놀라운 것은 영성의 개념에 대해 각 종교마다 정의가 다르고 개신교만 해도 신학의 색깔에 따라 그 정의가 서로 다르다는 점이다.

여기서 필자는 타 종교의 영성의 개념에 대해서는 별 관심도 없고, 또 그것을 논할 시간도 없기 때문에 기독교의 영성의 개념을 중심으로 논하려 한다. 다만 비교를 위해 타종교의 영성에 대해 서론적으로만 다루려고 한다.

영성신학이란 무엇인가? 영성신학은 영성을 다루기 때문에 신비한 면이 있을 수밖에 없다. 그런데 이런 신비의 인식은 유일회성이란 특성이 있어 사람마다 달라서 주관적이라 체계화에 어려움이 있고, 같은 방법으로 한다고 해서 같은 결과가 나타나는 것도 아니기 때문에, 과학처럼 반복할 수 없다는 어려움이 있다. 그러나 영성을 신학화하려면 이론적이고 체계적인 면이 반드시 있어야 한다. 그래서 어떤 신학자들은 영성신학이란 교의신학을 적용한 한 지류라고 하기도 하고, 실천적 면이 있기 때문에 윤리신학의 한 분파로 보기도 하나 지금 영성신학은 현실적으로 엄연히 신학의 한 분파로 존재하고 있고 또 계속 연구되고 있다.

영성신학은 세 가지 방법으로 연구될 수가 있다. 첫째는 체험에 근거하기 때문에 그것을 서술적으로 다루기도 하고, 둘째는 체계화를 위해 연역적 방법으로, 즉 교의신학의 원리들을 구체적으로 적용하는 것으로 연구되기도 한다. 셋째는 현상학적으로 다루기도 하지만 중요한 것은 영성의 신학이기 때문에 단순히 서술에서만 그치지 않고, 비기독교적인 영성에 빠지지 않기 위해서 교의신학의 울타리 안에서 연구하되 성경에 기록된 수많은 성인들의 체험을 모델로 삼아 실천적인 면에서 다루면 건전한 영성신학이 될 수 있을 것이라고 사료된다.

그러면 영성신학을 무엇이라고 정의할 수 있는가?

영성신학은 첫째로 성경에 입각하여 그리스도인의 영적 체험을 연구하고, 둘째는 영성의 점진적 발전을 기술해야 하고, 셋째는 그 체험의 구조와 법칙을 파악해야 한다. 여기서 가장 중요한 것은 영성신학은 체험적으로는 기도가 먼저이지만 원천적으로는 성경이 우선적 위치에 있어야 한다는 점이다. 성경의 가치는 그것이 하나님께서 우리들에게 주신 객관적 계시요 절대무오한 원천이기 때문이다. 출애굽기 3장 14절에 하나님 자신을 "스스로 있는 자"라고 표현했다. 다시 말해 하나님의 이름의 계시는 사변적 활동의 결론이 아니다. 즉 하나님께서 사랑하셔서 우리에게 주신 은혜의 계시이다.

더욱이 영성신학의 가장 중요한 대상은 예수 그리스도 자신이기 때문에 예수님의 삼위일체적 신비에서부터 역사 속에 구체적으로 살았던 그의 발자취에 따라 영성신학의 모형을 발견해야 한다.

그러나 또한 영성신학은 체험이다. 그런데 우리의 체험은 사람마다 다르기 때문에 우리는 영성신학의 완전한 모델과 영원한 근거를 성경에서 찾을 수밖에 없다. 가장 중요한 것은 예수님의 모델이다. 그는 하나님이시면서 또한 사람이었기 때문에 우리는 그가 어떻게 태어났고, 어떻게 살았으며 어떻게 죽었고, 어떻게 부활했으며 승천하신 후에는 무엇을 하고 있는지를 성경에서 볼 수 있다. 그뿐 아니라 바울의 회심과 육과 영의 투쟁, 그리스도와의 신비적 일치, 교회의 의미 등은 영성신학의 보증된 영적 증거가 된다. 사도행전과 바울과 베드로의 여러 서신들은 그리스도가 메시아라는 것을 증거해 주는 특별계시이기 때문에 거기서 또한 우리는 영성신학의 본질과 방법을 찾을 수 있다. 특별히 사도 요한이 기록한 요한복음에서는 말씀이 육신이 된 예수님의 신성을 분명하게 보여주고 있다. 구약도 그렇다. 특히 시편을 보면 수많은 기도의 형태가 잘 나타나 있어서 영성 개발의 방법으로서의 기도의 본질과 방법을 찾을 수 있다. 출애굽기에서는 모세를 통한 영적 체험을 생생하게 볼 수 있다. 또 잠언과 욥기 등의 지혜문학서들을 통해서는 영적 체험의 지혜를 찾을 수 있다. 특히 아가서는 그리스도와의 사랑의 신비적 체험을 할 수 있는 영감을 받는다. 다 열거할 수는 없지만 구약과 신약 그 무엇 하나도 영성 개발과 영성신학에서 뺄 수 없는 기초와 자료가 되기 때문에 우리들은 성경으로부터 영성신학의 모든 자료를 발견할 수 있다.

성경 외에도 교의신학에서 다루어진 수많은 교리들은 영성신학의 울타리요 터전이요 자료가 된다. 놀라운 것은 종교 심리학이나 심층심리학예컨대 프로이드의 정신분석도 도움이 된다. 그러나 성경 이외의 책에서 나온 모든 자료들은 참고가 될 뿐 그것이 영성신학의 이론적 재료가 될 수는 없다. 왜냐하면 그것들은 다 상대적 자료에 불과하기 때문이다.

기독교에서 말하는 영성이란 무엇인가?

영성이란 말은 모든 종교에서 강조하고 있지만 우리 기독교의 역사를 보면 5세기 때부터 나오기 시작하였다. 11세기에는 인간의 "육적 면과 반대되는 정신적 면"을 뜻하는 말로 사용되기도 했다. 13세기에는 "내적 삶"inner life이란 뜻으로 사용하였다. 그러다가 종교개혁 시대에 와서 칼뱅은 기독교의 영성을 "경건"이란 말로 표현했다. 그러면서 그는 "하나님께 대한 경외와 하나님의 은혜를 깨달아 아는 데서 비롯되는 하나님의 사랑이 결합된 삶을 경건"이라고 정의했다. 칼뱅은 그의 유명한 《기독교 강요》Institutes of the Christian Religion에서 체험적인 면을 강조함으로써 성화를 강조한 것이다. 그러나 루터는 "이신칭의"에 강조점을 두고 있어서 영성에 대한 강조가 감추어져 있다.

교회사를 보면 "영성"이란 단어는 17세기에 와서야 프랑스에서 쓰기 시작한 것을 볼 수 있다. 그들은 이 영성을 "하나님의 눈에 완전해지는 것만을 추구하기 위하여 감각을 벗어나는 영혼의 내적 수련"으로 이해했다. 놀라운 것은 영성신학을 1970년 이전까지는 신앙생활의 진보를 위한 수덕 신비신학으로 생각했다. 여기서 수덕修德이란 육체적 훈련이나 철학적 성찰을 말한다.

영성 연구의 개척자로 알려진 랄프 에머슨1803-1882은 영성을 초월주의적 입장에서 보았다. 즉 "종교의 직관적 체험"으로 본 것이다. 자유주의 신학의 아버지라고 할 수 있는 슐라이허 마허는 영성을 "진리에 대한 직관"으로 이해했다.

놀라운 것은 서구의 영성 개념이 신 힌두교인 Neo-Vedanta 범신론적이고 관념론적인 일원론으로 인도 철학의 주된 파의 영향을 많이 받고 있다는 점이다. 그러나 이런 기독교의 주제들을 성경과는 전혀 관계가 없는 동양 종교에서 그 해답을 찾는 것은 새로운 것, 즉 다른 각도에서 색다른 해답을 추구하려는 서양 사람들의 기질과 관계 있기 때문일 것이다.

이슬람교에서는 영성을 "다섯 기둥"Five Pillars of Islam에서 찾고 있다. 첫째는 이슬람의 교리에서, 둘째는 매일 기도에서, 셋째는 시주에서, 넷째는 금식 기간인 라마단 기간에 금식하는 것에서, 마지막 다섯째는 메카를 순례하는 것이라고 했다.

힌두교에서는 영성을 가혹한 극기를 통하여 인간의 한계를 극복하고 불멸성 안에서 신성함에 이르는 것으로 보았다. 힌두교에서는 영성의 회복을 네 가지 방법Yoga:주관과 객관과의 일치를 이상으로 삼는 인도의 신비 철학으로 말한다. 그들은 이것을 가르치는 선생을 구루Guru라고 부른다. 영성 회복의 방법으로는 첫째는 지식 요가, 둘째는 헌신 요가, 셋째는 행함을 말하는 카마산스크리트어로 "욕망"이란 뜻 요가, 넷째는 명상 요가가 있다고 했다. 여기서 우리가 주목할 것은 "명상의 강조"이다. 이것은 가톨릭에서도 명상을 강조하고 있고, 개신교에서도 영성 개발 방법의 하나로 명상을 사용하고 있기 때문에 우리의 관심을 끈다. 물론 명상의 구체적 방법은 유사성은 있으나 실제적으로는 내용이 서로 다르다. 관점이 다르고 목적이 다르기 때문이다.

제2차 세계대전 이후에는 영성과 종교와의 관계가 소원해지면서 "주관적 체험"으로 방향이 옮겨졌다. 특히 세속주의가 강하게 일어나면서 뉴에이지New Age, "새 시대 운동"이 강하게 일어나 크리스 그리스콘이나 배우인 셜리 맥클레인Shirley MacLane이 뉴에이지 운동을 이끌어 왔다. 여기서 우리는 잠깐 뉴에이지 운동이 무엇인지 살펴볼 필요가 있다. 왜냐하면 현대의 신비주의 운동의 핵심이 뉴에이지 운동이기 때문이다. 뉴에이지란 말 그 자체가 점성술에서 온 말이다. 그들은 이 우주는 점성술에서 말하는 12궁도에 따라 변한다고 보았다. 좀 더 구체적으로는 2000년 마다 새롭게 변하는데 지금이 바로 점성술의 입장에서 보면 물병자리 시대 Age of Aquarius인 황금빛 시대라고 말한다. 그러므로 모든 사람들이 자기 자신을 물병자리 에너지에 맞추게 될 때 구시대는 사라지고 새 시대뉴에이지가 시작된다는 것이다. 그들은 모든 것은 에너지이며 하나님도 에너지이고 우주도 에너지라고 말한다. 우리는 이 우주 에너지의 일부이기 때문에 우리 자체가 하나님이며 하나님은 우리 안에 있고, 우리를 통해 동작한다고 하면서 이 물병자리 시대뉴에이지에는 자신이 하나님이라는 것을 깨달아야 한다고 말한다.

그래서 배우인 셜리 맥클레인은 그의 책, 양의 자리Out on a Lamb에서 "나는 신이며 스스로 있는 자이다"라고 말했다. 사실 엄밀히 말하면 뉴에이지 운동은 그 이름처럼 새로운 것은 아니다. 에덴동산에서 뱀이 하와에게 네가 선악과를 따 먹는 날에는 "하나님과 같이 된다"창 3:5라고 한 약속의 연장이기 때문이다. 뉴에이지 운동의 주제는 아주 간단하다. "하나님이 우리의 내면 안에 있다"는 것이다. 뉴에이지 운동은 자연보호운동이나 세계의 평화나 새로운 질서와 지상에서의 행복을 강조하기 때문에 젊은이들에게 인기가 많다. 최근에 점성술, 손금 보기, 다른 영계와 접촉하는 심령술, 귀신과 대화하는 강신술, 외계인과 만났다는 UFO, 인간의 잠재의식에 메시지를 전달하여 판단 기능과 의지력을 무산시키는 최면술은 다 사탄교에서 많이 볼 수 있는 현상들이다.

그러면 사탄 교회란 어떤 교회인가? 사탄 교회는 사탄의 성경Satanic Bible을 따르는 사람들의 조직이다. 이 사탄 교회는 1966년 4월 30일 안톤 라베이Anton LaVey를 중심으로 샌프란시스코에 세워졌다. 그는 1997년에 죽기까지 사제장으로 있었다. 지금 사탄 교회는 샌프란시스코를 중심으로 미국 전역에 흩어져 있으며 캐나다의 밴쿠버에까지 그 지회를 두고 있다. 약 10만 명의 교세를 가지고 있고 지금은 여러 분파 Grotto로 나누어져 있다. 중요한 것은 사회의 여러 분야에 수많은 저명 인사들이 여기에 가담하고 있으며 가장 많이 알려진 사람은 흑인 가수인 Barbara McNair와 Sammy Davis, Jr이다. 사탄 교회의 특징은 인간의 육욕적 자기를 시인하는 것을 사명으로 하고 있으며 현실 사회에서의 성공이 사탄 교회의 내부에 있어서의 승진의 척도라고 말한다. 이들은 금욕이 아니라 방종과 열정적 강렬한 삶을 추구한다. 그들은 11가지 계명이 있고 9가지 죄를 말한다. 9가지 죄는 "우둔함, 허영, 유아주의, 자기기만, 무리에 따르는 것, 통찰력 결여, 과거의 정통의 망각, 비 생산적 프라이드, 미美 의식 결여"라고 했다.

요컨대 사탄 교회는 현실에서의 성공주의요 계몽주의적 이기주의이며 사회의 범죄 조직에 깊이 관여되어 있는 것이 문제이다. 그들은 부인하지만 마약을 하고 있고, 또 벌거벗은 여자를 제단에 세우기도 하며 마술을 하기도 한다.

다시 뉴에이지로 돌아가자. 뉴에이지와 연결된 사상으로는 남가주의 라디오 토크쇼인 "성경은 무엇이라고 말하는가?"Bible Answer Man의 사회자인 행크 행그래프Hank Hangraff와 한국에도 잘 알려진 베니 힌Benny Hinn 목사의 사이비 성령운동 같은 것이 있다. 베니 힌은 이스라엘에서 태어났다. 그는 신유 부흥사인 캐더린 쿨만의 집회에 참석하여 놀라운 체험을 한 후 큰 변화를 겪었다고 한다. 그는 플로리다 주에 있는 올랜도에 크리스천 센터를 설립하고 담임 목사가 되었다. 그는 한마디로 말해 신오순절주의자이다. 그는 〈오늘이 당신의 날이다〉This is your Day라는 프로그램에 소개돼 190여 나라에 방영되고 있으며 한국에도 다녀간 사람이다.

중요한 것은 그와 함께 릭 조이너Rick Joyner가 자기는 규칙적인 메시지를 하나님에게 직접 받고 있다고 주장한 점이다. 그의 신학은 한마디로 말해 신新 사도운동이다. 그는 자칭 신약시대의 선지자라고 공공연히 말한다. 그는 1997년 신년 첫날에는 아홉 달 안에 남부 캘리포니아에 거대한 재난이 일어난다고 예언했다. 큰 지진과 테러 사건과 암 같은 것들이 일어난다고 해서 많은 사람들을 미혹했으나 결과는 아무 것도 일어나지 않았다. 그때 필자가 속한 교회인 미주 성산 교회의 교인들 가운데 안수집사를 비롯한 몇몇의 교인들이 급히 텍사스로 이사 가는 소동이 있었기 때문에 지금도 그때의 일을 기억한다. 그는 자기에게서 성령기름을 받으면 모든 암을 다 고칠 수 있다고 하면서 수많은 사람들의 재산을 착복했다. 기부와 환자의 유산 상속이란 방법을 통해서였다.

또 최근에는 "약속을 지키는 사람들"Promise Keepers이 "사랑으로 연합하자"는 기치 아래 많은 사람들에게 인기가 있다. 본래 이 운동은 콜로라도의 축구 코치인 빌 맥카트니 Bill McCartney가 1990년에 창설해서 캐나다와 뉴질랜드로 번졌다. 외관상으로는 사람들에게 예수 그리스도를 전도하는 그리스도 중심적인 운동으로 보이지만 남성만의 운동으로서 남성 우위와 결혼에서의 불평등을 고치시키고, 여권운동에 위협을 주는 운동이라는 문제를 안고 있다.

여기서 우리가 주목할 것은 뉴에이지 운동은 결국 점성술에 힌두교의 철학을 접목시킨 일종의 동양 신비주의 운동이다. 그래서 최근에는 이들이 쿤달리니Kundalini 요가를 하기도 한다. "쿤달리니"라는 말은 산스크리트sanskrit, 즉 범어에서 나온 말이다. "쿤달"이라는 말은 산스크리트어로 "코일"이란 뜻이다. 뱀처럼 감겨 있다는 뜻이다. 그들은 쿤달리니"뱀의 능력"는 우리의 육체 안에 뱀처럼 감겨서 잠자고 있는 근본 에너지로서 생태적 실재라고 말한다. 재미있는 것은 힌두교의 영적 수행 방법의 하나인 요가와 접목되고 있다는 점이다. 요가란 말은 "제어", "합일", "수단"이라는 뜻인데 이 요가를 통해 인간은 해탈할 수 있다고 말한다. 특히 "단전호흡"을 통해 인간의 근본 에너지인 인간 안에 내재하고 있는 쿤달리니를 깨울 수 있으며 그때 우리는 우주와 하나님과 합일하게 된다고 말한다. 이 요가는 중국에서 말하는 기공氣功, 한국에서 말하는 선도仙道와 유사하다. 그러면 단전호흡이란 무엇인가? 그것은 옛 선인들이 했던 수련 방법의 하나이다. 흔히 심신 수련 방법으로 호흡을 고르는 심신 수련 방법이다. 즉 인체의 근원인 에너지를 모으고, 운기雲氣:공중으로 떠오르는 기운시키는 수련이다. 단전은 배꼽에서 3-5센티미터 아래 안쪽에 자리 잡고 있는데 혈 자리라고 하기보다는 단전이란 말 그대로 기운의 저장 탱크를 말한다. 따라서 단전호흡이란 단전 뒤편에 있는 명문命門 즉 명치사람 몸의 급소의 하나로 가슴뼈 아래 한가운데 우묵하게 들어간 곳를 통해 의식적인 호흡을 하는 것을 말한다.

한국에서 유행하는 국선도國仙道를 보면 단전호흡을 이렇게 설명한다. 단전은 하늘 기운과 땅 기운이 합치는 곳인 하단전을 의미한다고 말한다. 그 위치가 사람의 체구에 따라 조금씩 다르지만 침술 상으로는 배꼽 세 치 아래에 위치한다고 말한다. 신체는 天地人의 三合으로 볼 때 머리는 天, 다리는 地, 몸통은 人이라고 한다. 몸통에서 天은 心으로서 火를 주장하고 地는 신장으로서 水를 주장한다는 것이다. 여기서 천기와 지기, 즉 양기와 음기, 또는 火氣와 水氣가 화합하는 곳인 하복부를 하단전이라고 한다. 좀 더 간단히 말하면 상단전의 氣와 중단전의 神을 하단전의 精에 정신력으로 집중하여 심호흡하면서 몸과 마음을 닦는 것이 국선도의 수련 비결이다.

최근 기독교 안에 이단적인 여러 가지 운동이 일어나고 있는 것을 주목해야 한다. 왜냐하면 이들은 참된 영성운동이 아니라 무속적인 그런 운동이기 때문이다. 가장 주목할 것은 피터 와그너를 중심으로 한 "신 사도운동"이다. 새로운 계시 운동이라고 하면서 그것을 교회 성장의 새로운 패러다임이라고 주장한다. 그러나 사도란 직분은 구약의 선지자들처럼 하나님께서 임명하고 세운 사람들이며 그것은 단회적인 것이다. 사도직은 초대교회에 교회를 세우기 위해서 주님께서 시작한 단회적 사건이지 계속성을 가진 것은 아니다.

피터 와그너는 1990년에 "21세기 교회 성장의 지각 변동"

을 주장했다. 치유와 귀신 축출, 영적 전투, 예언, 쓰러짐을 지나치게 강조함으로써 1세기의 열광주의였던 몬타니즘 Montanism을 방불케 하고 있다. 이들이 강조하는 것은 요한복음 14장 12절의 말씀이다. "나를 믿는 자는 내가 하는 일을 그도 할 것이요 또한 [그보다 큰일도] 하리니"라는 말씀을 근거로 한다. 그래서 찬양 예배, 쓰러짐 같은 체험에 치우치고 있다. 물론 전통적인 교회들이 예전과 의식에 치우쳐 말씀 전파에 게을리한 것은 사실이다. 그러나 쓰러짐의 현상이 미국 남가주의 주술인 부두교Voodooism나 퀘이커Quaker 교도들과 무엇이 다른가? 기독교의 핵심인 시대가 변해도 변치 않는 것은 예수 그리스도의 십자가 사건의 선포와 복음을 받는 자의 내면적 회심과 인격적 변화이다.

한때 국내에서도 찬양 인도자 학교의 학생 5명이 봉은사에 들어가 '땅 밟기'를 해서 사회적 물의를 일으킨 것을 우리는 기억할 것이다. 이것에 대해 인터콥 선교회의 대표인 최바울 목사는 "땅을 밟고 기도할 때 그곳에 하나님의 축복이 임한다"고 하면서 국민일보 인터넷 판에 두 가지 의미가 있다고 전했다. 첫째는 땅을 밟는 것은 하나님의 약속 있는 말씀이요 둘째는 영적 전쟁의 의미가 있다고 주장했다. 그의 운동은 신 사도운동과 연관이 된다. 땅 밟기 운동은 최바울의 "왕의 군대"를 통해 많은 한국 교인들에게 영향을 주었다. 이들은 그 맥락에서 "예루살렘으로 돌아가자"Back to Jerusalem

를 주장한다. 필자도 주님 재림의 전 단계인 복음이 유대인들에게까지 전파되어야 한다고 주장하지만 그것은 와그너가 제2차 로잔회의에서 말한 "영적 지도 그리기"Spiritual Mapping와는 다르다. 그들은 에베소서 6장 12절에 근거해서 주장한다. "우리의 씨름싸움은 혈과 육을 상대하는 것이 아니요 통치자들과 권세들과 이 어두움의 세상 주관자들과 하늘에 있는 악의 영들을 상대함이라".

사실 10/40 창에 미전도 종족이 많은 것은 사실이다. 이 창은 서 아프리카로부터 중동을 지나 아시아까지 뻗쳐 있는 북위 10도에서 40도에 있는 지역으로 95퍼센트가 미전도 지역이다. 그러나 밥 베켓Bob Becket이나 루이스 부쉬가 말하는 대로 그곳이 마귀가 진을 치고 있기 때문은 아니다. 이와 함께 존 도우슨의 "하나님을 위하여 도시를 점령하라"는 주장이나 피터 와그너의 "지역 사회에서 마귀의 진을 헐라"는 것도 같은 신 사도운동이다. 이들은 여호수아 14장 9절에 근거를 둔다. "네 발로 밟는 땅은 영원히 너와 네 자손의 기업이 되리라". 신 사도운동과 베뢰아 운동은 예수님이 죄로부터 우리를 구원하러 오신 것이 아니라 마귀를 멸하러 오신 분으로만 보기 때문에 이단적 교리이다. 신 사도 운동에서 말하는 사도적 직분, 중보 기도자, 예언, 계시, 집회 중에 집단적으로 쓰러지는 것, 영적 지도地圖 조사 등은 그 뿌리가 인류의 역사를 하나님과 사탄의 싸움으로 보는 이원론에서 온 것이기 때문에 기독교가 아닌 이단적 발상이다.

사탄은 지리적, 영토적으로 역사하는 것이 아니라 공중의 권세를 잡고 위도 10/40에서도 역사하지만 심지어 기독교 국가는 물론 어디서나 역사하기 때문에 어떤 지역을 중심으로 사탄의 활동을 말하는 것은 옳지 않다. 왜냐하면 그 위도 안에도 진심으로 믿는 성도들이 5퍼센트나 있어서 그들도 복음화를 위해 기도하고 일하고 있기 때문이다. 따라서 그 지역에서도 성령의 역사는 일어나고 있다. 만약 우리가 사탄이 지리적으로 역사한다고 하면 중세기에 일어났던 십자군 전쟁을 해야 할 것이다.

현대에 와서 가장 주목할 영성 학자는 '영적 훈련'과 "영성에 이르는 일곱 가지 길"을 제시한 리처드 포스터와 그의 제자인 게일 비비가 있다. 그들의 책은 2014년에 번역된 《영성을 살다》라는 책에서 영성의 방법론을 역사적 인물을 중심으로 폭넓게 다루고 있다. 그러나 그가 퀘이커 교도인 것은 잊지 말아야 한다. 또 다른 책으로는 사이몬 찬이 쓴 《영성신학》과 《목회자의 영성》을 쓴 유진 피터슨도 큰 도움이 된다. 국내에서는 2009년에 《기독교 영성신학》을 쓴 권택조 박사가 있다. 그의 특징은 교육이란 관점에서 영성을 다룬 점이다. 가장 주목할 책으로는 예수회에 속한 베르나르의 《영성신학》정제천과 박일 번역이라는 책이다. 실제적이기보다는 이론적이고 체계적이며 가톨릭 신학을 대변하는 특징을 가지고 있다.

그러나 필자는 선교적 관점에서 영성을 다루려고 한다. 그것은 몇 년 동안 선교사로 중국과 인도, 베트남과 말레이시아 및 인도네시아 등 여러 나라에서 선교사로 봉사한 체험이 있기 때문이기도 하지만 그 이전에 팔 일 동안의 환상을 통해 지옥과 천국에 대한 환상으로 신비한 체험을 했을 때 주님 앞에서 선교사로 살겠다고 서원기도를 했기 때문이다.

필자는 영성은 선교적 관점에서 볼 때 가장 깊고도 넓게 연구할 수 있다고 본다. 왜냐하면 선교는 영성에서 시작되고, 영성에서 진행되고 영성에서 끝나기 때문이다. 영성과 선교의 관계는 크게 세 가지로 연결된다. 첫째는 선교는 진정한 의미에서 영성의 확장이요 영성의 표현이다. 왜냐하면 진정한 영성은 하나님의 부르심에 대한 응답적 봉사이기 때문이다. 둘째로 영성만이 선교를 지탱해 주는 힘이 된다. 어느 시대를 보나 영성이 활발한 교회가 선교를 많이 했고, 영성이 깊은 시대에 가장 선교가 활발했다. 셋째는 선교는 세상 나라들에게 진정한 영성을 가지도록 부르기 때문이다.

영성에 대한 또 다른 정의로는 퀴베르의 요셉Joseph de Guibert을 들 수 있다. 그는 영성신학을 이렇게 정의했다. "완전한 영적 생활이 무엇인지, 그리고 사람이 어떻게 그것을 향하여 나아가고, 얻을 수 있는지를 계시된 원리성경로부터 추론되는 학문"이라고. 가톨릭의 학자인 조던 오만은 이렇게 정의했다. 그는 그의 《영성신학》Spiritual Theology:분도출판사에서 "영성신학은 성경과 개인의 종교적 체험에서 출발하여, 초자연적인 삶의 본질을 정의하고, 그 성장과 발달을 위한 지침을 명확하게 나타내고, 영혼이 영적 생활을 시작해서 완전함에 이르기까지의 진보 과정을 설명하는 신학의 한 분야"라고 했다. 오만의 정의는 크게 세 부분으로 나누어진다. 첫째는 영성신학은 그리스도 안에서 새롭게 된 삶에 관심을 갖는다. 거기에는 성령의 은사들과 성화의 사역에 관한 질문들이 포함된다. 둘째는 영적 삶의 성장과 발달을 위한 지침을 명확하게 나타낸다. 셋째는 우리의 영혼이 그리스도인의 삶의 시작에서부터 완전에 나아가는 모든 과정을 설명한다. 이런 것들을 개혁주의에서는 칭의, 성화, 영화의 순서로 진보되는 구원의 서정으로 이해한다.

역사를 보면 개신교에서는 영성신학과 실천신학을 구별하지 못하여 괴로움을 당하기도 했다. 영성신학과 실천신학의 차이점은 영성신학은 하나님과 관계를 맺는 삶에 관심을 두는 반면에 실천신학은 세상 속에서의 행동에 더 폭넓은 관계를 둔다는 점이다. 좀 더 구체적으로 말하면 영성신학은 조직신학과 그리스도인의 실천 사이에 위치한다. 그러나 불행하게도 개신교에서는 리차드 러브레이스가 그의 논문1973에서 "성화의 깨어진 간격"sanctification gap을 깨닫지 못해, 즉 이신칭의의 나와 성화의 나 사이의 간격을 바로 깨닫지 못해 영성 연구에 실패를 해왔다.

현상학적으로 영성신학은 두 가지 구성 요소가 있다. 첫째는 영성이고 둘째는 영성을 담는 그릇인 말 즉 언어이다. 영성은 초월적인 의미를 가지는 반면에 말은 신학적 형식화와 교리들을 말한다. 기독교에는 예수회, 갈멜 수도회, 개신교, 오순절 영성 등이 있는데 예수회는 일반적으로 더 활동적이고, 갈멜 수도회는 더 관상적이고, 개신교의 영성은 매우 역동적이고 개인적이며 오순절은 은사 중심적이란 특징이 있다.

복음주의자들의 기준은 첫째 그리스도의 삶, 죽음, 부활에 관한 메시지를 중심으로 한다. 둘째 더 통합적이고, 포괄적이다. 셋째로 은사주의를 비롯해서 은혜의 교리를 더 확장시켜 준다는 특징이 있다. 사실 중요한 것은 은혜는 자연을 파괴하지 않고 그것을 향상시킨다는 점이다. 때로는 하나님은 놀랍고도 예측할 수 없는 방법으로 일하신다. 하나님은 그의 창조 속에서 일정한 규칙, 자연법칙 속에서 역사하지만 또 때로는 이적에서 볼 수 있듯이 그의 자연법칙을 뛰어넘는 일을 하신다. 이처럼 하나님은 자연법칙과 이적을 자유롭게 그의 섭리 속에서 이용하신다. 따라서 자연법칙을 벗어난 이적의 행위는 자연법칙의 파괴가 아니라 정확하게 말하면 자연법칙의 완성인 것이다. 영성신학에서 이 면을 간과한다면 우리는 하나님을 제한하게 될 것이다. 솔직히 우리는 하나님의 자유하심을 이해하지 못해서 그를 제한할 때가 얼마나 많은

가? 성경 안에 가두기도 하고, 교회 안에 가두기도 한다. 그러나 하나님은 교회뿐 아니라 불신세계와 타 종교까지 섭리하시며 활동하시는 전능하신 분이시다.

놀라운 것은 최근에는 복음주의자들 가운데서도 가톨릭의 묵주나 비밀 고해까지도 영성 연구의 방법으로 탐구하고 있다는 점인데 그것은 참으로 놀라운 일이다. 그러나 최근 매튜 폭스Matthew Fox는 "창조의 영성"creation spirituality을 강조하면서 지난 2000년 동안 어거스틴으로 인해 창조의 선함과 모든 창조물의 평등성이 부정되었다고 비판하고 있다. 그 결과 생태학적 위기, 소수에 대한 억압, 성차별이 일어났다는 것이다. 물론 복음주의자들이 창조의 선함과 평등성을 강조하지 못한 것은 사실이지만 그 잘못을 복음주의자들에게만 돌리는 것은 부분적인 것을 전체로 돌리는 잘못된 생각이다. 왜냐하면 폭스는 전통을 거부하고 자신의 목적에 맞는 것만을 선택해서 사용하고 있기 때문이다.

또 최근에 페미니즘feminism, 여권주의자들은 성경에 있는 가부장적 제도에 대해 비판함으로 서구에 큰 영향을 주고 있다. 이런 것은 다 전통에 대한 비판에서 나온 것으로 본래적 의미를 잘못 해석한 데서 온 것이다. 최근에 몰트만과 라틴아메리카의 해방신학자들은 아시아에서 그들만의 문제들을 다루고 있다. 문제는 그들이 현재의 역사적 과정들과 운동들을 하나님과 동일시하고 있다는 점이다. 그러나 어떤 특정한 운동이 하나님으로부터 나왔다는 주장은 근거가 없는 편견일 뿐이다. 둘째로 아시아의 해방신학자들은 교회의 임무를 권력 구조에 대한 저항과 정치적 투쟁에 참여하는 것으로 보는데 그것은 서구의 자유주의적 전제에서 나온 것이다. 셋째로 오늘날 아시아에서는 해방주의적 모델로 적용할 수 없는 상황들이 많이 나타나고 있다는 점을 주목해야 한다. 즉 한국에서 볼 수 있듯이 불만을 느끼는 사람들이 많이 있는데 그것이 억압받는 것과는 다르기 때문이다. 지금 한국은 OECD에서 자살률이 가장 높은 나라이다. 사실 이런 자살은 자신과 환경에 대한 불만의 표현이다. 그러나 한국의 경우 자살하는 사람들이 가장 억압받고 있다는 것은 아니기 때문이다. 아시아의 신학이 실패하고 있는 것은 실패한 서구의 자유주의 신학의 도입에 있음을 우리는 기억해야 한다. 그동안 복음주의는 성경의 무오류성과 이데올로기적 입장을 대변함으로써 다른 많은 것들을 등한시해온 것이 사실이다. 그러나 복음주의적 영성의 진수는 그리스도 안에서 신자에게 임하시는 하나님을 보고 만나게 하는 데 있다. 진리 안에 복음이 있는 것이 아니라 복음 안에 진리가 있기 때문이다. 따라서 복음을 설교하는 것은 진리를 체험할 수 있도록 돕는 일이다. 따라서 기독교인이 된다는 것은 우주적 그리스도께로 회심하는 것이 아니라 부활하신 나사렛 예수와의 인격적 관계에 들어가는 것, 즉 예수를 나의 개인적 구세주로 받아들이는 것이다. 복음주의적 영성은 스스로를 세상과 명확하게 구별하는 교회론을 가지고 있다. 많은 사람들은 이 교회론이 세상을 부정하는 신앙을 가져올 것이라고 두려워한다. 물론 이것이 전혀 근거 없는 것은 아니다. 기독교의 역사를 보면 예를 들어 콘스탄틴적 모델에서 그 예를 볼 수 있다. 최근 해방신학에서도 영성을 많이 강조하고 있지만 그것은 본질적인 것이 아니라 기능적인 것이란 점에서 문제가 있다. 영성은 본질적인 것이지 기능적인 것은 결코 아니기 때문이다.

가톨릭에서는 영적 사다리의 정상에 올라가는 것을 영성의 개발로 보지만 정확하게는 칼뱅이 말한 모든 성도들에게 임하시는 "신비적 연합"에 있는 것이다. 인간으로서는 헤아릴 수 없는 성령의 능력을 받는데 그 능력으로 우리는 그리스도와 그의 모든 은혜를 누리는 것이다. 최근에 오순절 영성이 널리 퍼지고 있는 것이 사실이다. 그러나 이 오순절의 은사주의적 영성이 오래도록 유지되려면 더 폭넓은 기독교의 전통과 합쳐져야 한다. 오순절의 문제점은 은사주의적 그리스도인들과 그렇지 않은 그리스도인들을 지나치게 구별하는 데 있다. 그래서 자신들에 대한 교만이 너무 깊다. 그러나 모든 그리스도인들은 은사주의적이면서도 수덕적덕을 닦는 것이어야 한다. 따라서 필자가 강조하고 싶은 것은 오순절 운동의 영성신학이 복음주의와 연결될 때 더욱 지속적으로 나갈 수 있으리라는 점을 지적하고 싶다.

그러면 영성과 영성신학을 어떻게 정의하는 것이 좋은가? 솔직히 말해서 많은 영성신학자들의 연구는 너무 이론에만 치우쳐 있기 때문에 일반 평신도들에게는 언감생심焉敢生心이다. 그래서 필자는 영성과 영성신학을 이렇게 간단히 정의하고 싶다. 영성이란 간단히 말해서 "예수님을 닮아가는 것", 즉 '예닮'이며 따라서 어떤 면에서 우리 모두가 '작은 예수'가 되는 운동이다. 따라서 영성 개발이란 방법론적으로는 예수님의 발자취를 따라가는 과정이다. 그리고 영성신학이란 영성의 중요성과 목적과 개발 방법에 이르는 과정들을 논리적으로 다루는 신학의 한 분야이다.

그런 점에서 평신도들에게는 토마스 아 켐피스Thomas a Kempis, 1379-1471의 《그리스도를 본받아》The imitation of Christ보다 더 실제적인 책은 없다고 생각한다. 왜냐하면 그의 글은 단순하고 명료하며 성경적이기 때문이다. 삶의 목적을 잃고 헤매는 오늘의 사람들에게 바른 길로 가도록 도와주기 때문이다. 그 책은 즉각적으로 성공을 거두어 15세기에 기독교 영성의 분수령이 되었다. 이 책은 수많은 언어로 번역되어 전 세계로 퍼져나갔다. 역사적으로 말하면 성경과 《천로역정》 다음으로 《그리스도를 본받아》란 책이 많이 팔린 것은 그만큼 큰 영향을 주었기 때문이다.

이 책은 개인적으로는 필자가 고등학생 때 공장에서 직공으로 일하며 사회에서 성공하려고 공업고등학교에 다니다가 그것을 버리고 신학을 공부하도록 만들었다. 이 책은 직선적이다. '우리는 어떻게 살아야 할까?' 하고 방황하는 사람들에게 선생님의 충고처럼 쓰인 책이기 때문이다.

  이 책은 여덟 가지로 요약할 수 있다. 첫째로 우리가 겸손해질 때 자기중심이 무너지고 하나님께 나아갈 수 있다. 그러므로 가장 중요한 것은 겸손이다. 그것이 시작이다. 둘째는 그러기 위해서 우리는 우선순위를 바로 세워야 한다. 그것은 덕을 개발하는 것이다. 셋째는 참 평안인 내면의 평안 shalom을 발견해야 한다. 넷째는 하나님의 순전한 사랑에 자발적으로 반응하며 매일을 살아가는 것이다. 다섯째 그리스도를 이해하기 위해 십자가와 대면하는 것이다. 여섯째는 영생을 체험하는 것이다. 일곱째는 그리스도를 본받는 것이다. 그리스도를 본받는다는 것은 그리스도께서 이 세상에 사셨을 때 가졌던 동일한 마음을 가지고 우리의 삶에 구현하는 것이다. 여덟째는 우리의 본성에 따라 사는 것이 아니라 하나님의 은혜의 다스림을 받는 것이라고 했다. 토마스 아 켐피스는 그의 책에서 우리의 존재 전체가 예수님을 본받고, 우리 안에 계신 그 예수님의 존재 전체를 드러내는 것으로 보았다.

  아 켐피스의 책은 500년 동안 기독교계를 휩쓸었던 책이다. 그러나 그 책은 마치 좋은 격언들을 모아놓은 책처럼 그 연결이 깊지 못하다는 단점을 가지고 있다. 즉 신학적 논리성 결여가 문제이다. 그런 점에서는 우리가 어떻게 그리스도를 본받을 수 있는가의 방법론은 로욜라의 이그나티우스가 완성했다고 볼 수 있다.

이그나티우스는 많은 책을 썼지만 핵심은 《영적 수련》The Spiritual Exercises이라는 책이라고 볼 수 있다. 그가 이런 위대한 글을 쓸 수 있었던 것은 그가 전쟁에서 부상을 입고 양쪽 다리의 심각한 상처로 고생하던 1521년의 체험에서 비롯되었다. 이런 체험 속에서 그는 하나님과 함께하는 삶에 대해 놀라운 성찰을 하게 되었고 그로 인해 영적인 큰 변화를 일으켰다. 이로 인해 그의 인생이 바뀌었고 이 세상을 바꾸게 하는 기념비적인 책을 쓸 수 있게 된 것이다. 이그나티우스는 그의 모국인 스페인에 있는 동안 많은 책을 썼다. 그 후 그는 1534년에 10명의 남자들을 모아 "예수회"The society of Jesus, the Jesuits를 세웠다. 그의 《영적 수련》은 그리스도를 닮아 세상을 변화시키기 원하는 사람들에게 어떻게 훈련할 것인지 그 방법들을 정리한 것이다.

이그나티우스는 한 달 동안의 훈련 과정으로 정리했다. 첫째 주는 도덕 개혁의 과정이다. 두 번째 주는 하나님과 함께하는 삶의 과정이다. 세 번째 주는 그리스도와 동일화함의 과정이다. 마지막 네 번째 주는 그리스도와 온전히 동일화되고, 세상에 참여함의 과정으로 되어 있다.

그 내용을 좀 더 설명하면, 첫 번째 주간의 과정은 도덕적

개혁인데 그 목표는 그리스도의 삶에 나타난 신비들에 대해 더 주의를 기울일 수 있도록 우리의 욕망을 버리고, 우리의 걱정을 제어하기 위해서라고 했다. 방법은 먼저 죄의 혹독함과 죄의 힘을 인식하고 우리의 죄에 대해 성찰한다. 둘째는 사악한 생각이 잘못된 행동으로 이어지듯이 아담과 하와의 죄의 패턴이 우리에게도 똑같이 나타남을 인식시킨다. 셋째는 다른 사람의 죄에 대해 성찰하게 한다. 그것은 그들을 경멸하거나 판단하기 위해서가 아니라 인간의 죄가 우리를 향한 하나님의 뜻을 망칠 수 있기 때문이라고 했다.

두 번째 주간의 과정은 하나님과 함께하는 삶을 "조명하는" 상상의 역할에 초점을 맞추는 것이다. 이 상상으로 인해 이해를 하게 된다고 보았다. 그리고 이 상상을 통해 이 세상에 대한 애착에서 자유롭게 되는 수준에까지 성장한다고 보았다. 그래서 살아 계신 그리스도와 접하게 되고 세 번째의 과정인 그리스도와 동일화하는 길로 나가게 된다는 것이다.

세 번째 주간은 그리스도와 동일화하는 과정이다. 예수님의 수난에 대해 상상적 성찰에 열중함으로써 그리스도와 연합할 뿐 아니라 여기서 머물지 않고, 이 세상에 하나님의 사랑을 최선을 다해 표현한다는 것이다. 마지막 네 번째 주는 그리스도와 온전히 동일화하고 세상에 참여하는 과정으로 끝난다.

이 네 주간의 과정은 삼중적인 길로 완성한다고 했다. 첫째 주는 "정화"로 우리를 인도하며, 둘째 주는 "조명"으로 이끌고, 셋째 주와 넷째 주간은 세상에서 더 잘 섬길 수 있도록 하나님과 연합하는 것으로 이끈다고 했다.

이그나티우스의 사 주간의 훈련 과정은 아주 독창적이다. 첫째 주는 우리의 죄에 초점을 맞추고, 둘째 주는 그리스도의 생애에 초점을 맞추고, 셋째 주는 그리스도의 죽음에 초점을 맞추고, 넷째 주는 그리스도의 부활에 초점을 맞춘다. 여기서 이그나티우스의 방법은 그리스도 중심적이라는 것이 특징이다. 그는 교회의 개혁은 개인의 개혁에서 시작한다고 보았기 때문에 그의 영성 수련은 철저히 개인적이라는 특징을 가진다. 여기서 특별한 것은 "상상"에 대한 강조이다. 그러나 그가 말하는 "상상"은 청소년들이 가지는 그런 망상과는 질적으로 다르다. 예를 들면 갈릴리 바닷가에 서 계신 주님을 "보는 것", 배 앞쪽의 파도 소리를 "듣는 것", 예수님의 옷깃을 "만지는 것", 바다의 "냄새를 맡는 것", 떡과 포도주를 "맛보는 것"을 말하는 것으로 보아 그가 말하는 "상상"은 단순한 상상이 아니라 간접 체험을 가지게 하는 상상임을 알 수 있다. 문제는 가정과 사회 속에 매여 있는 일반 평신도들에게는 4주에 걸친 긴 과정이 모든 신도들에게 적용하기에는 거의 불가능하다는 점이다. 왜냐하면 생업을 중단해야 하기 때문이다. 그래서 이 제수이트Jesuits의 운동은 교육과 학문을 통한 봉사와 선교에 주력해 왔다. 지금까지 세계 여러 곳에 226개의 대학과 4,000여 개의 고등학교를 설립했고, 한국에서는 1954년에 들어와 서강대학교를, 1962년에는 광주가톨릭대학을 설립하기도 했다.

그러나 이런 예수회의 놀라운 공헌에도 불구하고 예수회가 건설 노동자 조합의 하나인 프리메이슨의 사상과 조직을 흡수하여 창립했다는 의혹이 있고, 본래의 목적이 개신교의 종교개혁을 박멸하기 위해서 바티칸이 포르투갈, 스페인에 세웠다는 의혹도 받고 있는 점은 안타까운 일이다. 가장 무서운 것은 600만 유대인들을 살해한 히틀러가 예수회의 제자란 점과 1933년 7월 20일에 바티칸이 히틀러와 협약을 맺었다는 의혹은 계속해서 우리들에게 많은 의혹들을 일으키고 있다.

그러면 프리메이슨Freemason이란 무엇인가? 역사적으로 미해결된 살인 사건이 나올 때마다 프리메이슨과 관계가 있다는 말이 나올 정도니 도대체 어떤 단체인가? 흔히 알려지기는 중세에 영국의 석공 길드guild:일종의 동업조합에서 기원하였다고 알려져 있다. 현재는 전 세계에 약 570만 명쯤 회원이 있다고 한다. 이들의 조직은 비밀로 되어 있으나 그 회원들끼리는 서로 돕고 있다. 이 단체는 유대인들과 가톨릭 신자와 유색인종을 기피하는 편견이 있다는 것이 특징이다. 이 단체는 교황인 요한 바오로 1세33일간 교황직에 있었다를 암살했다는 의혹도 있으나 공식 발표는 과로로 인한 심장마비로 발표했다. 의혹에 의하면 교황이 교황청과 연관된 어떤 비밀조직을 조사하려고 계획 중에 암살되었다는 것이다. 그 계획을 중지시키려고 그랬다는 것이다. 또 미국의 케네디 대통령의 암살도 뒤에 프리메이슨이 연결되어 있다는 소문으로 한때 시끄러웠다. 문제는 이 프리메이슨이 많은 이권에 인맥을 이용하여 개입하고 있다는 것과 모든 것을 비밀로 하기 때문에 많은 의혹을 받고 있는 것이다. 본래 프리메이슨이란 이름은 free and accepted인증된에서 왔다고 한다. 이들은 기독교가 아니더라도 반드시 절대자Supreme Being를 믿어야 한다는 조건이 있다. 놀라운 것은 미국의 대통령 가운데 14명이 프리메이슨 회원이란 점이다. 예를 들면 조지 워싱턴, 에이브러햄 링컨, 루스벨트, 리처드 닉슨, 빌 클린턴 등이고 영국의 수상이었던 윈스턴 처칠도 프리메이슨 회원이었다고 한다. 이 단체는 지금 여러 형태로 존재하고 있다고 알려져 있다. 이 조직은 Grand Lodge를 중심으로 자치적으로 운영하는데 여기서 랏즈Lodge란 말은 "작은 집"임시 숙박소이라는 뜻인데 그 집단을 Grand Lodge라고 부른다. 프리메이슨이 인도주의적 박애주의를 지향함에도 불구하고 수많은 사건에 연류된 것은 사실이다.

그러면 간단하게 말해서 영성 개발은 어떻게 하는 것이 좋은가? 한국에서도 베스트셀러로 인기가 있었던 책인 《예수라면 어떻게 할 것인가?》라는 책대로 하면 된다. 본래 이 책은 1896년 챨스 M. 쉘돈Charles Monroe Sheldon 목사가 자기 교인들을 위해서 쓴 종교 소설이다. 그러나 이 책은 30여 개 국어로 번역되었고, 3,000만 권 이상 판매될 만큼 유명한 책이 되었다. 본래의 책명은 《그의 발자취를 따라》In His Steps이다. 이 책의 주제는 베드로전서 2장 21절에서 시작한다. "이를 위하여 너희가 부르심을 받았으니 그리스도도 너희를 위하여 고난을 받으사 너희에게 본을 끼쳐 그 자취를 따라오게 하려 하셨느니라". "십자가를 내가 지고"가 주제 찬송이었다. "십자가를 내가 지고 주를 따라가도다. 이제부터 예수로만 나의 보배 삼겠네. 세상에서 부귀영화 모두 잃어버려도 주의 평안 내가 받고, 영생 복을 얻겠네". 이 찬송가는 영국 성공회의 목사였던 헨리 F. 라이트가 작사했다.

그러나 이 책은 소설의 형태로 썼기 때문에 논리적 연결이 부족하고, 구체적으로 어디서 시작하여 어디서 끝내야 하는지 그 과정이 분명치 않다는 데 문제점이 있다. 하지만 감격과 깨달음을 준다는 점에서 높이 평가할 책이다.

왜 하필이면 영성을 가져야 하는가?

(1) 영성의 회복은 인간의 깊은 죄성 해결의 유일한 방법이기 때문이다. 따라서 영성의 기본 문제는 죄의 문제에서 시작된다. 죄란 관계적 문제인 동시에 우리를 허약하게 만드는 조건이다. 성경이 말하는 죄란 단순히 도덕적인 것이 아니라 종교적인 것임을 알아야 한다.

그런 점에서 장 칼뱅이 인간의 전적 타락Total Depravity을 주장한 것은 바른 지적이다. 따라서 인간은 자신의 힘과 노력으로서는 결단코 구원받을 수 없으며 오직 하나님의 은혜와 믿음으로만 가능하다. 그런 점에서 칼뱅이 말한 하나님 지식과 인간 지식은 서로 밀접하게 연결되어 있다는 지적은 옳은 말이다. 다시 말해서 인간이 자신의 죄 됨과 본질을 보는 것은 하나님을 만났을 때 일어난다. 하나님과 만나보기

전에는 결단코 자신의 죄 됨을 보지 못한다. 본다고 해도 그것은 성경적으로 틀린, 즉 도덕적 면에서 살펴본 인본주의 개념일 뿐이다. 솔직히 말해서 불신자 가운데도 많은 사람들이 인간의 죄 됨을 지적하지만 그것은 성경과 다른 도덕적 개념일 뿐이다. 성경이 말하는 죄란 하나님을 모르는 것과 하나님의 뜻을 떠난 생활 자체가 죄라고 지적한다.

(2) 우리가 영성신학을 강조하는 것은 영성의 회복 없이 인간은 결코 참 행복과 진정한 안식을 누릴 수 없기 때문이다. 어거스틴이 그의 참회록에서 "우리 마음은 당신 안에서 안식할 때까지 안식하지 못합니다"라고 고백한 것은 성경적이며 영원한 진리이다. 그러나 우리의 환경은 지금 이것과는 정반대 방향으로 가고 있다. 눈에 매력적으로 보이는 것을 중심으로 찾고 있기 때문에 영성을 상실하고도 그것을 알지도 못한 채 살고 있으며 또한 영성을 구하려고 하지도 않는다.

(3) 우리가 영성신학을 연구하는 것은 영성은 천국에 대한 확신과 선교하는 일에 역동적 힘을 주기 때문이다. 우리가 아무리 노력해도 성경의 바른 안내를 받지 않고는 영성을 회복할 수 없으며 현실 속에서 역동적 삶을 살아갈 힘이 생기지 않는다. 따라서 성경 연구는 영성 회복의 중요한 방법이다.

(4) 우리가 영성신학을 연구해야 하는 네 번째 이유는 영성 회복 없이는 침체된 교회를 회복할 수 없고, 또 참된 선교를 할 수 없기 때문이다. 영성과 선교는 동전의 앞과 뒤처럼 서로 뗄 수 없는 관계를 가진다.

세 가지 면에서 그렇다. 첫째로 기독교의 선교는 진정한 의미의 영성의 표현이요 연장이란 점이다. 진정한 영성이란 하나님의 소명과 인간의 죄 됨과 세상으로부터의 소외에 대한 응답이다. 그 결과로 인해 우리는 그리스도를 위한 헌신적 봉사를 하게 된다. 그리스도를 따른다는 것은 제자도의 필수 조건이다. 교회의 예배는 선교로 연결된다. 성서적 영성은 선교로 이어지고 선교에 참여하게 한다.

둘째로 교회의 영성은 선교로 이어지고 계속되기 때문이다. 기도와 영적 생활의 훈련은 은혜와 지혜와 영적 힘의 본질적 원천이다. 소명의 깨달음에서 선교적 사역을 하는 것은 자신의 영성에서 생기게 된다. 영성과 선교의 역동적 관계는 사도행전에 잘 나타난다. 예를 들면 안디옥교회의 장로들은 기도와 금식을 할 때 바울과 바나바를 선교사로 세우게 되었다행 13:1-3. 예수님의 생애에서도 그것은 분명했다. 예수님이 근방의 도시에서 설교를 하게 된 것도 그가 기도하는 데서막 1:35-38 시작되었다. 바울의 경우도 그 역동적 관계를 고린도후서를 보면 그의 신앙과 기도와 순종과 사도적 목회를 하게 하였다. 선교는 영성의 기본인 기도 없이는 아무런 열매도 맺지 못한다는 것을 우리는 바울의 경우에서 잘 볼 수 있다.

셋째로 선교는 참된 영성에서 일어나며 그리스도에 대한 순종의 삶에서 비롯된다. 그것이 가장 잘 표현된 것이 마태복음 28장 16-20절이다.

19절에 보면 첫째로 "그러므로 너희는 가서"라고 했다. 여기서 "간다"는 말은 국경과 나라와 문화를 넘어서 가라는 뜻으로 선교를 의미한다. 둘째로 "모든 민족을 제자로 삼아 아버지와 아들과 성령의 이름으로 세례를 베풀고"라고 한 것은 교회 성장을 뜻하는 말이다. 그것은 두 단계로 이루어진다. 첫 단계는 제자훈련을 시키라는 것이고, 둘째 단계는 세례를 많이 주어 교회를 성장시키라는 말이다. 셋째로 "내가 너희에게 분부한 모든 것을 가르쳐 지키게 하라"고 했다. 이것은 교회교육의 중요성과 방법을 말씀한 것이다. 이것도 두 단계로 이루어진다. 첫 단계는 가르치는 것이고 둘째 단계는 지킬 수 있도록 계속해서 훈련시키는 일이다. 여기서 우리는 한국 교회의 교육이 가르치는 데서 끝나고 있다는 단점을 볼 수 있다. 교육은 가르치는 것뿐만 아니라 훈련시켜 그대로 살게 해야 하기 때문이다.

(5) 우리의 구원과 영적 진보의 삶을 위해 영성이 필요하다.

불교와 유교를 비롯한 동방 종교들은 구원은 영원한 교훈과 원리를 따를 때 얻는다고 이해한다. 그러나 기독교는 그렇게 보지 않는다. 영지주의자들이 말하듯 하나님의 진리는 내밀한 것이 아니기 때문이다. 예수 그리스도를 통해서 말씀하시고, 그가 가르쳐준 말씀을 통해서 우리에게 개입하시는 것이다. 그리하여 신인神人공동체를 만들어 인간사회에 개입하시는 것이 하나님의 뜻이다. 하나님과 관련된 교회의 삶은 삼위일체적 삶의 확장이다. 그리스도의 몸으로서, 종말론적으로는 그리스도의 신부로서 교회는 성령을 통해 하나님과 연합한다. 그래서 영적 진보는 칭의에서 성화로 마침내는 영화완전로 이어지는 것이다.

2부

영성 개발의 방법은 무엇인가?

기도를 통해서
영성 개발을 시작해야 한다

　인도의 선교사로 기도의 사도란 별명을 가진 존 하이드가 은밀한 곳에서 하나님을 만나라고 하면서 기도의 각성의 필요를 강조하였다. 사실 역사를 보면 모든 영적 부흥은 언제나 몇 주, 혹은 몇 달 동안의 뜨거운 기도 후에 일어났는데 그것은 결코 우연이 아니다. 미국의 대각성 운동이나 웨일스의 부흥이나 인도네시아나 한국의 부흥을 보면 다 기도에서 시작하여 불이 붙었다. 기도의 골방은 영성 개발의 불쏘시개이다. 따라서 기도는 모든 위대한 일을 이루는 하나님의 방법이다. 기도에는 언제나 특별한 능력이 일어나기 때문이다.
　따라서 영성 회복의 시작은 기도다. 그래서 영성신학은 기도신학에서 출발한다. 위에서 언급한 대로 교회는 은혜의 수단인 영성 훈련을 탐구하는 환경을 제공해 준다. 예를 들면 예배, 기도, 성경 봉독 등은 교회를 축제의 공동체로 인식하는 데서 나온다. 그러나 교회에서 중요한 것은 이런 것이 훈련을 통해서 이루어진다는 점이다. 그러나 교회의 훈련에 숙달해지는 것이 영성은 아니다. 영성 훈련은 다양성과 넓은 범위를 가진다. 또 영적 도움들은 제자훈련을 통해서 습득된다.

기도에서 가장 중요한 것은 기도를 위해 그 원리를 배우는 것이 아니라 기도의 실천에 더 많은 수고를 해야 한다는 점이다. 기도를 통해서 우리는 삼위일체 하나님과 관계를 맺고, 더욱 자라간다. 기도는 믿음이 살아 있다는 증거이다. 갓난아이에게 우는 소리만큼 자연스러운 것은 없듯이 신자들에게 있어서는 기도도 그렇다. 기도는 아이의 울음처럼 자연스러운 것이다. 그러므로 그리스도인의 성장은 기도의 성장이라고 할 수 있다. 따라서 그리스도인의 삶은 바로 기도이다. 인간관계를 보면 사랑과 신뢰와 헌신을 통해서 깊어지듯이 기도는 하나님과의 관계를 깊게 만들어 준다. 따라서 믿음의 성장은 기도의 성장이다.

1. 왜 기도해야 하는가?

기도만큼 신앙생활에서 중요한 영적 체험도 없지만 그러면서도 기도만큼 잘못 인식된 것도 없다. 기도는 단순히 예배의 한 순서나 활동이 아니다. 기도는 하나님과의 교통이며 천국의 보화들을 이 땅의 우리가 받는 천국의 열쇠이다.

그러면 왜 우리는 기도하는가? 아이가 세상에 태어나면 제일 먼저 하는 것이 "응아" 하고 소리내어 우는 일이다. 만약 아기가 울지 않으면 의사는 아기의 볼기짝을 때려서라도 울게 한다. 태어난 아기가 울지 않으면 그것은 사산된 아기이기 때문이다. 이것은 믿음의 생활에서도 마찬가지다. 예수를 믿고 크리스천이 되면 제일 먼저 하는 것이 하나님께 우는 기도이다. 기도를 하지 않으면 그것은 영적으로 새롭게 태어난 사람이 아니기 때문에 우리는 배우지 않고도 기도를 한다. 예수님을 구주로 믿는다는 고백과 함께 감사의 기도를 한다.

처음에 아기는 한 살이 될 때까지는 필요한 것이 있으면 그냥 울기만 하면 된다. 그러면 엄마는 처음에는 아기가 왜 우는지 그 이유를 잘 모르지만 조금씩 그 울음의 이유를 알게 된다. 필자는 미국에 유학할 당시에 고학을 했지만 그것으로 등록금과 생활비가 되지 않아 아내가 밤에 나가 유대인이 경영하는 양로원에서 보조 간호사로 일을 했다. 저녁 11시부터 아침 7시까지 양로원에 있는 노인들을 돌보았다. 시간당 1달러 45전씩 받는 것이었지만 낮에는 필자가 공부를 하기 위해 일하며 학교에 가야 했기 때문에 아내는 어쩔 수 없이 밤일을 해야만 했다. 장남은 한국에 있는 장모님에게 맡기고 갔다. 그런데 얼마 안 되어 둘째 아들이 태어났기 때문에 밤에는 내가 어쩔 수 없이 돌봐야만 했다. 처음에는 밤에는 아이가 자니까 쉽다고 생각했는데 그렇지 않았다. 잘만 하면 울어댔다. 이놈이 배가 고픈가 보다 싶어 우유를 따뜻하게 끓여 우윳병에 넣어 주었다. 그런데도 안 먹고 그냥 울어 냄새를 맡으니 똥을 싸고 기저귀가 젖어서 우는 것이었다. 할 수 없이 기저귀를 갈아주고 이제는 좀 자야겠다 싶어 잠이 들려 하면 또 울었다. 아니 또 똥을 쌌나 하고 기저귀를 갈아주려고 하니 기저귀는 뽀송하니 깨끗했다. 이번에는 우유를 달라는 울음이었다. 우유를 주고 자려고 하니 또 아기가 운다. 이번에는 안아달라는 울음이었다. 이렇게 일 년을 길러 보니 아기가 울면 무슨 울음인지 대강 알 수 있을 정도로 주부 노릇을 하게 되었다. 일 년이 지나자 아기는 짧은 말을 조금씩 하게 되었다. 엄마, 아빠, 맘마 하면서.

믿음의 생활도 이와 꼭 같다. 그런데 우리의 문제는 말을 배워 말하지 않고, 나이를 먹은 후에도 모든 것을 엄마가 돌봐줄 것이라 생각하고 그냥 울면서 떼만 쓰는 버릇을 가지고 있다. 정상아라면 말을 배워서 엄마와 가족과 서로 소통해야 한다. 소년이 되고 청년이 되면 그때엔 남에게 실례가 되지 않도록 교양 있게 말을 해야 정상이다.

그런데 우리는 처음 믿을 때나 몇 해가 지나 교회에서 직분자가 된 후에도 말하는 법을 무시하고 그냥 울고 떼만 쓰는 것이다. 그래서 우리는 말과 대화법을 배워야 하듯이 하나님과의 영적 대화도 발전해야 정상이다. 물론 우리가 하나님 앞에서 울기만 해도 하나님께서는 경험 많은 엄마가 아기의 우는 이유를 알듯 우리의 기도의 뜻을 물론 다 알고 계신다. 그러나 아기가 커서도 말을 제대로 못하면 부모는 걱정하게 되고, 병원에 가서 그 문제를 찾으려고 한다. 그러면 우리의 현재의 하나님께 대한 기도생활은 어떤가?

필자가 신학교에 다닐 때 총신대학교의 강사인 정문호 목사가 학생들에게 기도신학을 안 가르치는 신학교는 문제가 있는 것이라고 교과목에 대해 비판했다. 그때 필자는 '아니 그냥 기도만 하면 되지 무슨 기도신학이야?' 하고 생각하며 정 목사를 이상한 사람으로 생각했다. 그러나 지금 와서 생각해 보면 정 목사야말로 기도신학의 필요성을 누구보다도 빨리 깨달은 선각자였다. 그러나 그분은 신학자가 아니기 때문에 그 필요성은 알고 있었지만 그것을 이론화하고 신학화할 만한 지식은 없었던 것이다. 그러나 필자가 학위를 받고 신학자가 되어 신학교에서 학생들을 가르치고, 또 목회를 하면서부터는 기도신학의 필요성을 절실하게 느끼게 되었다. 하지만 그때는 이런저런 일로 바쁘다는 핑계로 지금까지 지나왔으나 이제라도 《기도의 신학》이란 책을 써야 할 필요를 느끼게 되었다.

그러나 어디서부터 시작해서 어떻게 전개해야 할지 막막하던 차에 아주사Azusa에 있는 퍼시픽 대학의 교수인 리차드 포스터Richard J. Foster 박사가 쓴 《기도》Prayer, Finding the heart's true home와 마일리스 문로Myles Munroe의 《기도》 Prayer, Earthly License for Heavenly Interference와 A.H. 칼훈Calhoun의 《Spiritual Disciplines Handbook》을 읽고 이 책의 구성plot을 짜게 되었고, 또 여러 다른 책들을 읽으면서 한국 실정에 맞도록 기도의 신학을 쓰게 된 것이다. 그러나 이것은 목사나 신학생들보다는 교회의 전도사나 매주 기도를 해야 하는 장로들과 일반 평신도 지도자들을 위해서 쓴 것이기 때문에 가급적 어려운 것은 다루지 않았다는 것을 미리 말해 둔다.

왜 우리는 기도하는가? 성 어거스틴은 간단하게 우리가 하나님을 사랑하기 때문이며 그 사랑의 표현이 바로 기도라고 했다. 마치 우리가 어떤 사람을 사랑하면 대화를 하고, 가까우면 가까울수록 그 대화는 더욱 깊어지듯 기도도 삼위일체 하나님께 대한 사랑에 비례하여 하게 된다. 따라서 우리가 기도를 많이 하면 많이 할수록 더욱 하나님을 사랑하게 된다. 그러나 기도를 하지 않으면 그 사람은 이미 하나님을 사랑하지 않는 것이다.

지금 하나님의 마음은 우리에 대한 상처로 인해 벌어져 있다. 그 상처는 우리가 기도를 하지 않음으로 인해서 하나님과의 관계가 깊이 벌어지고 있기 때문이다. 하나님은 우리를 그의 거실과 주방과 작업장으로 심지어 그의 침실로 초대하고 계신다. 그런데 우리의 본향인 하나님의 마음을 여는 열쇠는 오직 기도 외에는 없기 때문에 기도는 믿는 자들에게는 절대적이며 필수적이다.

  우리의 본향인 하나님의 마음을 여는 열쇠가 기도라면 그 문은 예수 그리스도이시다. 하나님께서는 우리가 목이 곧고, 마음이 굳은 것을 아시고 그의 마음으로 들어가는 한 통로를 예비하여 제공하고 계신다. 그것이 바로 예수 그리스도이시다. 이제 우리는 우리의 죄로 인해 하나님 앞에서 추방당한 채 세상 밖에서 방황할 필요가 없게 되었다. 우리를 위해 이 땅에 오셔서 어두움의 권세와 사탄을 물리치시고, 승리의 부활을 하신 예수님을 통해 하나님께 나아가는 길이 활짝 열렸기 때문이다. 기도는 하나님께 대한 우리의 사랑이다. 따라서 기도를 잘하는 것은 바로 하나님께 대한 사랑을 잘하는 것이다. 그래서 포스터는 사랑을 잘하는 사람이 기도도 잘한다고 했다.

2. 그러면 왜 우리는 기도해야 하는가?

  우리가 기도하는 이유는 첫째로 우리 주님이 우리와 함께 거하시기를 원하기 때문에 우리는 기도해야 한다요 15:4. 기도는 우리를 하나님의 현존 앞에 서도록 해준다. 하나님과의 영적 대화는 바로 기도이기 때문에 우리는 기도해야 한다. 기도는 하나님과의 기본적인 태도와 관계를 말해 준다. 세상에서도 사랑하는 사람들은 자주 만나고 많은 대화를 나누듯이 기도는 주님께 대한 우리의 사랑의 표시이기 때문에 하나님께 대한 사랑의 정도에 따라 우리는 기도한다. 그러므로 기도는 하면 할수록 주님과의 관계가 깊어지고 마침내 내 맘속에 거하시는 주님을 체험한다.

물론 초보적 기도는 단순히 달라는 청원기도에서 시작하여 청원기도로 끝나지만 기도할 때 여기서 멈춰서는 안 되며 기도를 통해 나와 내 주변을 향한 하나님의 뜻이 무엇인지 알아야 한다. 그런데 문제는 우리의 기도는 항상 청원의 기도에서 멎는다는 것이다. 그래서 선교사들 가운데 어떤 이들은 왜 한국에는 거지 신자가 그렇게 많으냐고 말하기도 한다. 따라서 우리가 사회에서 사람들과의 관계를 잘 갖기 위해서 대화법이 필요하듯이 신앙생활을 하려는 우리에게는 기도의 신학이 필요한 것이다. 따라서 기도는 영성 훈련의 시작이며 그 과정이다.

둘째로 사탄, 마귀가 우는 사자와 같이 믿는 자들을 유혹하려고 하기 때문에 시험에 들지 않기 위해, 우리는 기도해야 한다눅 22:40. 그러면 사탄은 어떤 존재인가? 사탄에 관한 기록은 이사야서와 에스겔서에 은유적으로 표현한 것 외에는 별로 없다는 것이 아쉽다. 이사야서 14장은 바벨론 왕에게 한 예언으로 되어 있고, 에스겔서 28장에는 두로 왕에게 한 예언으로 되어 있으나 그 기록은 루시퍼사탄에 대한 라틴어의 표현에 대한 기록임에 틀림없다. 사탄은 세상 창조 이전에 천사장인 루시퍼를 통해사 14:12; 겔 28:12 다른 많은 천사들을 규합하여계12:4, 7-12 하나님께 반역하여 하나님과 같아져서 세상을 지배하기를 원했다. 그러나 사탄이 된 루시퍼는 실패하고 말았다. 하나님께서는 반역한 천사장인 루시퍼를 세상으로 쫓아내심으로 심판하였지만 사탄은 포기하지 않고 그의 작전을 바꾸어 이번에는 에덴동산에서 아담이 선악과를 따 먹도록 하여 에덴동산에서 추방당하게 했던 것이다. 아담이 실낙원했으니 어떻게 보면 사탄은 승리한 것처럼 보였지만 하나님께서는 지상의 에덴동산이 아닌 하늘에 있는 중간 지대인 낙원과 영원히 거할 천국을 창조하신 것이다. 사탄의 유혹 작전은 그가 하늘에서 떨어진 후에도 인류 역사에서 볼 수 있듯이 계속해서 사람들을 유혹하여 666이라는 인을 찍어 그의 백성들을 증가시키고 있는 것이다.

예수님의 탄생에서도 볼 수 있는 대로 사탄은 아기 예수님이 탄생할 때 헤롯 왕을 통해 아기 예수님을 죽이려고 했고, 그것이 실패하자 이번에는 헤롯이 베들레헴에 있는 두 살 이하의 모든 사내아이들을 죽이도록 한 것이다. 아기 예수를 죽이려고 했던 사탄의 작전은 아기 예수님이 이집트로 피난 가지 않을 수 없도록 헤롯을 통해 핍박했다. 재미있는 것은 예수님의 열두 살 이후의 사건은 성경 어디에도 없다. 그래서 우리는 그냥 추리하고 상상할 뿐이다. 아마도 이것은 예수님이 메시아 사역을 준비할 수 있도록 시간인간적으로을 주시기 위한 것으로 보인다. 이에 대한 많은 책들이 있지만 역사적 근거가 없는 상상일 뿐이다.

  그러나 예수님이 삼십 세쯤 되어 그의 공생애를 시작하려고 했을 때 사탄은 예수님을 시험했는데 그것은 그의 메시아 되심을 의심케 하여 공생애를 하지 못하도록 하려는 데 목적이 있었다. 그래서 예수님에게 "네가 만일 하나님의 아들이어든"마 4:1-11이라고 반복해서 시험한 것이다. 그러나 성령의 능력과 하나님의 말씀으로 예수님께서 승리하자 사탄은 예수님을 떠났다고 했다마 4:11. 그러나 이것은 사탄이 완전히 굴복한 것은 아니다. 다른 기회를 노리기 위한 작전상 휴전이었을 뿐이다.

  사탄이 가장 좋아하는 전술은 예수님을 정치적으로 죽이는 것이었다. 그래서 가룟 유다를 통해 그를 30세겔에 당시의 종교 지도자들에게 팔게 하여 그때의 가장 무서운 사형 제도인 십자가형에 처하게 한 것이다. 사실 이것은 외면적으로 보면 사탄의 완전한 승리였다. 왜냐하면 예수님을 죽일 수 있었기 때문이다. 그러나 사탄은 인간보다는 지혜롭지만 하나님의 영원하신 섭리를 알지 못했다. 그래서 하나님께서는 십자가를 통하여 예수님의 구원 계획을 완성케 한 것이다. 주님은 십자가 위에서 "엘리 엘리 라마 사박다니"어찌하여 나를 버리셨나이까 하고 외치셨다. 사실 이때에 하나님께서는 세상 죄를 지고 가는 예수님을 버리신 것처럼 보였다. 그러나 다음에 "다 이루었다"요 19:30 하시며 주님은 승리를 선포한 것이다. 세상 말로 말하면 역전승이었다. 그러나 그 선포는 지상에 있는 사람들과 만물에게 한 것이기 때문에 베드로전서 3장 19절에 보면 지옥에 가셔서 이미 죽은 자들에게 또 한 번 그의 승리를 재확인한 것을 볼 수 있다. "그가 또한 영으로 가서 옥에 있는 영들에게 선포하시니라"고 했기 때문이다. 이 구절은 요한복음 20장 17절에 대한 해답이기도 하다. 즉 막달라 마리아가 부활하신 주님을 붙잡으려고 했을 때 "내가 아직 아버지께로 올라가지 아니하였노라"고 말씀했기 때문이다. 다시 말하면 예수님이 십자가에서 죽으신 후에 그의 육체는 무덤에 있었고 그의 영혼은 지옥에 가셔서 십자가로 말미암아 예수님께서 구속 사역을 다 성취하시고 승리한 것을 선포했다는 말이다. 그래서 영어로 된 사도신경에는 "He descended into Hell"그가 지옥에 내려가셔서이라는 말이 나온다.

물론 우리말에서 그것을 생략하고 있지만 말이다. 그러나 중요한 것은 예수님의 승리에도 불구하고 사탄은 그의 군대인 악령과 귀신들을 통해서 지금도 우는 사자와 같이 우리 믿는 자들을 유혹하고 있다는 점이다. 그래서 하나님께서는 우리에게 삼대 무기믿음, 말씀, 기도의 하나인 기도라는 무기를 주신 것이다. 그러므로 우리는 이 영적 무기들을 사용해야 한다. 그 중에서도 기도를 통해 우리의 내적 변화가 일어나고, 하나님께로 향하여 가깝게 나아가고, 마침내 사회에서 하나님께서 맡겨주신 사역을 감당하여 하나님께 영광을 돌려야 하는 것이다.

셋째로 기도는 우리의 비전을 확장시켜 주고 자아를 허무는 과정이기에 우리는 반드시 기도해야 한다. 기도를 통해 우리는 자신의 가면을 벗게 되고, 자신을 넘어서 하나님께로 나가도록 도와주신다. 솔직히 직장에서의 반복되는 일은 때때로 따분하게 여겨지지만 기도를 통해 그것이 얼마나 소중하며 하나님께 영광이 되는가를 깨닫게 해주신다. 현대는 시장경제가 주를 이루고 있다. 이익과 생산성을 따지기 때문에 노동이란 것이 때로는 무의미하게 느껴지기도 하지만 기도는 우리가 하는 날마다의 노동을 하나님께 드리는 거룩한 예배로 승화시켜 준다.

양파를 보면 껍질 속에 또 껍질이 계속해서 있는 것을 본다. 사람도 양파와 같아서 수많은 가면과 껍질 속에 있기 때문에 진정한 자아를 보기가 어렵지만, 깊은 기도는 내면의 자아를 보게 하고 그것을 하나씩 벗겨준다. 문제는 그것이 주님의 보혈과 권능으로만 되기 때문에 형식적 기도나 사람들에게 보이려는 기도는 아무런 역사도 나타나지 않는다.

우리는 하나님과 자주 만나기를 원하지만 우리의 가면으

로 인해 하나님께 가까이 가지 못한다. 그러나 기도는 그 가면을 벗겨주고, 벌거벗은 모습으로 하나님께 나아가게 해준다. 어떻게 보면 기도는 결혼관계와 같다. 결혼은 사랑하는 사람과의 대화와 일상에서도 기쁨과 행복이 있지만 가장 큰 기쁨은 성적으로 서로 하나가 될 때이다. 한 몸이 되는 순간 몸과 영으로 최고의 행복을 느낀다. 그러나 성교도 육적으로만 가질 때에는 피상적인 잠깐 동안의 쾌락에서 끝나지만 마음과 몸으로 가지는 성적 교제는 사랑하는 아기를 잉태하게 해준다. 기도도 마찬가지이다. 단순한 기도처럼 사랑하는 주님과의 일상적 대화에서도 기쁨과 행복이 있지만 가장 큰 기쁨과 행복은 그와 깊이 영적으로 하나가 될 때, 주님과 연합을 통해 맛볼 수 있다.

넷째로 성령의 은사를 받아 우리가 능력 있게 주의 일을 하기 위해서 우리는 기도해야 한다막 9:29; 약 5:16-18; 요 15:7. 사실 영적 성장이란 기도의 성장과 뗄 수 없을 정도로 기도 없이는 절대로 영적 성장은 이루어지지 않는다. 또한 하나님의 일은 우리 힘으로는 전혀 할 수 없다. 우리가 교회에서 흔히 볼 수 있는 것은 직분을 받은 사람들이 처음에는 뜨겁고 열심이 있지만 시간이 지날수록 차지도 뜨겁지도 않은 미지근한 성도들이 되는 것이다. 그 이유는 내 힘으로 주의 일을 하려고 하기 때문이다. 하나님의 일은 하나님으로부터 능력을 받아야 할 수 있다. 그런데 우리는 이 간단한 이치를 깨닫지 못한다.

왜 우리가 능력을 받지 못하는가? 그것은 우리의 손에 너무 많은 것을 갖고 있기 때문이다. 내가 가진 모든 것, 즉 인간의 지식과 기술, 돈과 세상에서의 계급장, 우리의 교만과 허세를 다 버리고 빈손이 될 때 주님은 우리에게 필요한 능력을 주신다. 아이들을 보면 장난감을 아주 좋아한다. 그래서 손에서 놓지를 않으려고 한다. 그러나 다른 더 좋은 것을 가지려면 이미 가지고 있는 것을 버리고 빈손이 될 때 새것을 소유할 수 있다.

필자가 대전 중앙교회에서 목회를 시작할 때에 주님께서 내게 주신 말씀은 요한복음 12장 24절이었다. 내가 죽어야 주님이 살고 목회자가 산다는 것이다. 어떻게 보면 기도는 하나님이 주시는 것을 받는 영적 통로라고 할 수 있다. 또는 천국의 창고 문을 여는 열쇠이기도 하다.

다섯째로 기도하라고 주님이 명령하셨기 때문에 우리는 기도해야 한다 마 6:6; 대상 16:11; 빌 4:6.

왜 하나님께서는 우리에게 기도하라고 했을까? 그것은 하나님께서 우리 안에 거하셔서 사랑을 나누고 우리들에게 필요한 것들을 때에 따라 주시고 싶어서이다. 하나님께서는 우리와 함께 계실 때 가장 기뻐하시고 영광을 받으신다. 우리는 많은 일을 해야 하나님이 좋아하실 것이라고 착각할 때가 많다. 능력 많은 목회자들이 일찍 세상을 떠나는 이유는 하나님의 안식의 원리를 잊고 과로하기 때문이고, 기도할 때 먼저 해야 할 것과 나중 할 것을 구분하지 못하기 때문이다.

하나님께서는 우리의 능력 이상으로 일하는 것을 기뻐하지 않으신다.

우리가 부모가 되었을 때 우리는 자녀들이 자기 힘에 부치는 무거운 것을 드는 것을 기뻐하지 않고, 야단친다. 하나님도 마찬가지이시다. 때로는 "야, 잘 시간 지났어. 푹 자고 내일 다시 시작해" 하고 말씀하신다. "아니야, 내일 시험이 있어서 오늘 밤을 새워야 해" 하고 말하면 부모들은 걱정하신다. 인생은 평생 배우는 것인데 한꺼번에 왕창 공부한다고 되는 것이 아니지 않는가? 기도하는 것은 좀 쉬는 것처럼 보이지만 그 시간에 우리의 스트레스는 해소되고, 피곤에 지친 우리 영혼은 안식을 누리며 모든 것이 회복된다.

우리는 기도할 시간이 없다고 말할 때도 있다. 그것은 인간적인 생각이다. 기도는 영혼의 호흡과 같아서 바쁠수록 더 많이 기도해야 한다. 시간 있을 때 기도하려는 생각은 기도의 목적을 모르기 때문이다. 아무리 바빠도 숨은 쉬어야 하고, 오히려 바삐 뛸 때는 더 자주 그리고 힘차게 호흡해야 하듯이 기도도 그런 것이다. 기도는 우리의 시간을 빼앗는 것이 아니라 반대로 기도는 우리의 시간을 벌게 해주는 것이다. 우리는 때로 자동차를 몰고 어떤 목적지를 가다가 길을 잃고 빙빙 돌 때가 있었을 것이다. 지금은 GPSGlobal Positioning System를 통해서 모르는 길도 잘 간다. 그래서 흔히 그런 말을 한다. 우리가 성공하려면 세 여자의 말을 잘 들어야 한다고. 어려서는 어머니의 말을, 결혼 후에는 아내의 말을, 운전할 때는 네비게이션에서 나오는 여자의 말을 잘 들어야 한다고.

기도는 네비게이션과 같이 우리의 목적지를 자세히 알려주기 때문에 하나님께서는 항상 우리가 기도하기를 원하신다. 그것은 우리의 지금 있는 위치가 어디이며 목적지에 가려면 어떤 길로 가야 하는지 알려주고 싶기 때문이다. 그러나 기도의 최고 목적은 하나님께서 모든 일에서 우리와 대화하시고 싶어 하시고, 동행하기를 원하기 때문이다. 기도는 하나님과 동행하는 최고의 방법이다.

여섯째로 하나님의 뜻을 알기 위해서 우리는 기도해야 한다출 33:12; 욥 42:4.

하나님의 뜻은 특별계시인 성경에 가장 잘 기록되어 있다. 그러나 기도 없이 성경을 읽으면 그 계시가 살아서 움직이지 않는다. 물론 성경은 그 자체가 하나님의 말씀이지만 그것이 살아서 내게 다가오는 레마가 되려면 기도를 통해 영안이 열리고, 영의 귀가 열려야 한다. 하나님의 뜻은 자연과 역사의 일반계시를 통해서도 보여주지만, 그것은 영안이 열린 사람에게만 보이는 것이다.

위에서도 말한 대로 하나님의 뜻은 성경에서 가장 분명하게 기록되어 있지만 기도를 통해 그때마다 필요한 말씀 없이 우리는 하나님의 일을 할 수는 없다. 기도는 마치 스마트폰과 같이 손에서 놓아서는 안 된다. 그래서 쉬지 말고 기도하라고 했다. 필자는 많은 사람들이 전철 안에서 심지어는 차들이 많이 다니는 길을 건널 때에도 문자 메시지를 보내는 것을 보면서 그것을 영적 생활로 옮겨 기도하면 얼마나 좋을까 하고 아쉬워한다. 왜 하나님께서 기도하라고 했는지는 기도해 봐야 자세히 알 수 있다. 위에서도 언급했지만 기도는 결코 시간 낭비가 아니라 시간 절약의 수단이다. 우리는 세상에서 해도 좋고 안 해도 좋은 일 때문에 시간 낭비를 하고 있고, 심지어 해서는 안 될 일을 위해서 시간을 보내기도 한다. 인간이 살면서 꼭 해야 할 일이 있다. 그것은 기도로서 분별할 수가 있다. 그러므로 우리는 쉬지 말고 기도하는 사람이 되어야 한다.

일곱째로 영혼의 소성새롭게 살림: 시 119:25, 88과 순종하는 삶을 살기 위해서 우리는 기도해야 한다시 119:5, 10.

이 세상에는 우리의 영혼을 피곤케 하는 일들이 너무도 많다. 육체적으로 지나치게 많은 짐을 져서 영혼을 피곤케도

하지만 SNS로 인해 마음을 상하는 경우도 많다. 이때는 영혼에 안식을 주어 마음을 새롭게 해야 한다. 그것은 기도밖에 없다. 인간에게 하나님께서 주신 선물의 하나는 안식이라는 축복이다. 이 안식을 주기 위해 주일 예배를 드리게 하고, 쉬지 않고 기도하게 하신다.

또 순종하는 삶도 하나님께서 원하는 것이 무엇인지 또 어떻게 해야 순종인지는 그냥 되는 것이 아니라 '기도'라고 하는 지남철을 통해 하나님이 원하시는 방향을 잡는 것이다. 우리가 아이들에게 청소를 시켜 보면 처음에는 엄마가 깨끗이 청소한 것을 오히려 더럽게 만들 때가 많다. 그것은 우리의 영적 생활에서도 마찬가지이다. 하나님께 순종한다고 하면서 오히려 역행할 때가 얼마나 많은가? 그래서 순종하는 삶을 살려면 먼저 하나님의 뜻이 무엇인지 분별해야 하고, 기도를 통해서 그 방법을 찾아야 한다.

여덟째로 하나님의 영광을 위해서 기도해야 한다민 14:13-16; 단 9:17, 19.

솔직히 우리는 하나님께 영광이 되는 것이 무엇인지를 잘 모른다. 성경에 보면고전 10:31 "그런즉 너희가 먹든지 마시든지 무엇을 하든지 다 하나님의 영광을 위하여 하라"고 했다. 이것은 우리가 하나님께 영광 돌리는 것은 주님의 일을 할 때만 된다는 관념을 깨뜨려 준다. 심지어 우리가 먹고 마시는 것을 통해서도 하나님께 영광이 될 수 있다고 한 것이다. 비록 먹고 마시는 것이라 해도 하나님의 은혜로 먹게 된 것을 감사한다면 그것이 바로 하나님께 영광이 된다는 뜻이다. 따라서 예수 믿고 은혜 받으면 다 목사가 되고 선교사가 되어야 하나님께 영광이 되는 것이라고 생각하는 것은 결코 성경적이지 않다. 문제는 성속의 개념이 잘못된 것이다. 사실은 모든 것이 다 거룩하다.

아홉째로 우리의 산만한 생각을 정리하고 영적 세계로 돌아가기 위해서 우리는 기도해야 한다.

세상에서 살다 보면 언제나 머리가 맑은 것은 아니다. 주변의 수많은 일들과 염려로 인해 우리의 머리는 마치 낙서한 칠판처럼 뒤숭숭할 때가 많다. 그러나 기도를 하면 이 세속 세상에서 영적 세계로 들어가기 때문에 성령의 역사로 인해서 이 모든 것을 잊게 해주고 맑게 해주기 때문에 우리는 기도해야 한다.

열째로 우리가 근본적으로 변화되기 위해서 기도한다. 인간의 근본적 변화란 교육을 가지고도 안 되고, 수양을 닦아서도 안 된다. 근본적 변화는 오직 하나님만 하실 수 있다. 따라서 기도하면 하나님이 직접 개입하셔서 우리를 근본적으로 변화시킨다. 인간을 창조할 때 하나님께서 흙으로 빚으시고,

그의 입김을 불어넣어 아담을 창조한 것처럼 지금도 오직 하나님만이 전적으로 타락한 우리들을 재창조하실 수 있기 때문에 기도를 통해 우리를 온전히 하나님께 맡겨야 한다.

열한 번째로 기도는 세상을 움직이는 하나님의 손이기 때문이다. 우리에게 주신 하나님의 능력이 바로 기도이다. 그래서 요한 웨슬레는 이렇게 말했다. "오직 하나님만을 두려워하는 백 명의 설교자를 내게 주시면 지옥의 문을 닫고 천국의 문을 열 것이다".

솔직히 우리의 손은 때묻은 손이기 때문에 이 손으로는 절대로 영적 역사役事를 이룰 수 없다. 오직 인간을 창조하셨던 하나님의 그 능력의 손만이 큰 역사를 이룰 수가 있는데 그것이 바로 기도이다.

3. 기도란 무엇인가?

간단히 말하면 기도란 "하나님과의 영적 대화"이다. 결코 사람들을 감동시키거나 교훈하기 위해서 기도하는 것은 아니다. 다시 말해서 기도의 대상은 사람이 아니라 하나님이란 말씀이다. 우리는 가끔 이 간단한 사실을 잊고 있다.

기도는 어떤 면에서 성도들의 "영적 호흡"이다. 그러므로 영적 호흡인 기도가 중지되는 순간 우리는 영적으로 병든 것이고, 죽어가고 있음을 잊지 말아야 한다.

기도란 무엇인가? 어거스틴은 '참된 기도란 사랑 외에 아무것도 아니다'라고 했다. 즉 기도=사랑이라는 뜻이다. 다시 말해서 우리가 기도를 쉬는 것은 하나님께 대한 우리의 사랑이 식었기 때문이라고 했다. 따라서 우리가 기도하지 않을 때 하나님께서는 얼마나 슬퍼하는지 모른다. 왜냐하면 하나님께서는 우리가 우리의 진정한 하늘의 집으로 인도되어 거기서 기쁨과 행복과 평안을 누리기 원하시기 때문이다. 우리가 세상의 일로 분주하고 바빠할 때 우리는 기도하기를 쉬게 되는데 그때 우리는 자기가 하는 일의 목적을 상실하게 된다. 그래서 하나님은 슬퍼하시고 우리가 세상일을 할 때에도 그의 집으로 가서 함께 교제하며 대화하기를 원한다. 그것이 바로 기도이다.

기도는 하나님께 대한 사랑의 표현이기 때문에 바쁘다고 기도하지 않으면 우리가 하는 일의 목적을 상실하게 된다. 바쁠수록 더 많이 기도해야 한다. 기도는 어린애가 엄마의 품에 안겨서 재롱도 부리고 투정하는 것과 같은 사랑의 표현이다.

스펄전은 기도에 대해 이런 말을 했다. "기도는 길을 찾는 연락용 비둘기와 같아서 천국에 도달하는 데 실패하는 법이 없다". 왜 그런가? 스펄전은 이렇게 대답한다. 참된 기도는 천국에서 왔기에 그것들은 다만 고향을 찾아갈 뿐이다.

우리는 하나님을 말할 때 삼위일체로 믿고 고백한다. 이 삼위일체 교리는 기독교 교리 가운데 가장 근본적인 진리이다. 그런데 놀라운 것은 기도도 삼위일체적 성격을 지닌다. 따라서 기도는 성자이신 그리스도께 드리는 면이 있고, 성부이신 하나님께 드리는 면이 있고, 성령 하나님께 드리는 면이 있다. 그러므로 기도에도 세 면으로 향한 것이어야 완전한 기도가 될 수 있다. 이것은 리차드 포스터가 그의 책 《기도》에서 강조하는 점이다.

그러면 이 삼위일체적 기도는 구체적으로 어떤 기도인가? 솔직히 지금까지 우리는 성부 하나님께만 기도해 왔다. 따라서 기도가 풍성치 않을 뿐 아니라 삼위일체 하나님의 역사하심을 축소시켜 왔다. 삼위일체적 기도는 놀라운 영적 풍성함을 가져온다. 그러면 이 삼위일체적 기도란 어떤 것인가?

(1) 먼저 "안으로 향한 움직임"이 있는데 그것은 성자이신 예수 그리스도에게 기도하는 것이다. 그것은 우리 가운데서 랍비와 구주로서 역사하시는 주님의 사역에 부응하는 기도이다.

(2) 둘째는 "위로 향한 움직임"인데 그것은 성부 하나님께 기도하는 것이다. 다시 말하면 우리 가운데 통치하시는 왕이시요 능력 주시는 자로서의 하나님 아버지의 사역에 관한 기도이다.

(3) 셋째는 "밖으로 향하는 움직임"인데 그것은 성령 하나님께 기도하는 것이다. 그것은 능력으로 역사하시는 성령의

사역과 연결된다.

그러므로 기도는 언제나 안으로 향하는 움직임에서 출발하지 않으면 성부 하나님과 성령 하나님께로 향할 수가 없다. 기도에서 중요한 것이 무엇인가? 기도하는 우리의 마음에 먼저 변화가 일어나야 하는 것이다. 안으로 향하는 움직임 없이는 교회에서 우리가 하는 모든 일들은 하나님의 영광을 나타내는 것이 아니라 하나의 형식일 뿐 자신의 영광을 추구하는 것이 된다. 그래서 주님은 "내가 곧 길"요 14:6이라고 하시면서 "나로 말미암지 않고는 아버지께로 올 자가 없느니라"요 14:6고 말씀하신 것이다. 따라서 기도에도 순서가 있다. 먼저 우리의 마음의 변화가 일어나야 하는데 그것은 오직 예수 그리스도를 통해서만 이루어진다.

가끔 우리가 기도하지 않는 것은 내가 모든 것을 다 할 수 있다는 교만과 무지 때문이다. 기도한다는 것은 "오직 예수"만이 길이요 진리요 생명이라는 고백이다. 따라서 기도할 때마다 이 내적 변화가 일어나야 하나님께서 응답하시는 기도를 드릴 수 있다. 우리가 하고 있는 단순한 기도는 초점이 우리 자신에게 있다. 그러나 참 기도는 나는 무지하고 무능하며 있는 모습 그대로는 하나님께 나아갈 수 없다는 것을 깨닫고 자신을 비우는 데서 시작되어야 하나님께서 준비한 풍성한 은혜를 풍성하게 받을 수 있다.

우리가 드리는 단순한 기도는 그 안에 순수한 면도 있으나 자기중심적인 것이 자리 잡고 있기 때문에 초신자 때에는 용서되고 이해되지만 평생 그런 기도만으로는 큰일을 할 수도 없고 하나님의 도구로 쓰임받기에는 부족하다. 그런데 놀라운 것은 주님께서 제자들에게 기도를 가르칠 때 단순한 기도인 "우리에게 일용할 양식을 주옵시고"라고 가르쳐 주신 점이다. 그러나 만약 이런 단순한 기도만 한다면 우리는 평생 자기중심적인 기도만 하다가 만다. 그러면 우리는 어떻게 기도할 것인가? 먼저 자기가 있는 곳에서 시작해야 한다. 그것이 바로 단순한 기도이다. 그러나 기도의 시작은 단순한 기도이지만 여기서 멎어서는 안 되며 안으로 향하는 내면적 기도, 즉 주님께 드리는 기도를 통해서 자신 속에 있는 수많은 죄악들과 더러운 모든 것들을 다 십자가 앞에서 장사지내야 한다. 그러려면 영적인 탐욕까지 다 버리고 마음을 깨끗이 씻어야 하는데 그것은 오직 그리스도의 구속적 은혜와 그의 귀하신 보혈 없이 우리는 하나님 앞에 나아갈 만한 자격을 가질 수가 없다. 그런 점에서 우리는 기도하는 법을 배워야 한다. 아이가 어려서는 그냥 울기만 하면 모든 것이 다 해결되지만 커가면서 계속 밥까지 먹여달라고 떼를 쓰는 것은 하나님의 뜻이 아니다.

처음 기도할 때 우리는 단순한 기도를 드렸다. 그때는 당연히 자신이 중심이고, 주제이지만 안으로 향하는 성자 예수님께 기도드리면서 그동안 변두리에 놓았던 하나님을 중심으로 삼게 되는 것이다. 단순한 기도에서는 "어찌하여 나를 잊으셨나이까"시 42:9라고 기도하기도 하고, 하나님과 다투기도 한다.

그러나 기도에는 공식적인 단계가 있는 것은 아니다. 따라서 여기서 제시하는 기도의 신학은 기도의 높이와 깊이, 넓이를 보여주는 것일 뿐이므로 기도의 신학이 하나의 공식이 될 수는 없다.

기도는 하나님께 대한 관계 정립이요 사랑이기 때문에 때로는 순서가 없을 수도 있고, 때로는 단순한 기도가 하나님이 기뻐하시는 기도일 수도 있다. 부끄러운 일이지만 필자는 지금도 때때로 단순한 기도에서 달라고만 떼를 쓸 때가 많다. 놀라운 것은 때로는 나의 이 애타는 사랑의 화살이 주님의 기쁨과 영광이 될 때가 있다.

안으로 향하는 기도는 성찰의 기도이다. 마치 우리가 더러워진 몸을 물에 담그고 욕탕에서 나온 후에 때로 인해 더러워진 물을 보고 놀라듯 안으로 향하는 성자 예수님께 드리는 기도는 성찰의 기도이며 자신의 비참한 모습을 보게 해주는 기도이다. 바울이 자신을 향하여 "오호라 나는 곤고한 사람이로다 이 사망의 몸에서 누가 나를 건져내랴"롬 7:24고 고백한 그 체험을 우리도 경험케 되는 것이다.

안으로 향하는 기도는 어거스틴에게 가장 잘 나타나 있다. 안으로 향하는 기도는 자신의 죄 된 모습을 보게 되고 이때 우리는 눈물의 기도를 드리게 된다욥 16:20. 이때의 눈물은 닛사의 그레고리가 말했듯이 "영혼의 상처에서 나오는 피"와 같은 것이다. 따라서 믿고 나서 회개할 때 이런 눈물의 기도를 체험해 보지 못했다면 그는 아직도 완전한 영적인 변화가 일어나지 않은 것이다. 마음을 찌르는 회개가 있을 때, 마음을 찢는 겟세마네의 기도를 하게 된다. 겟세마네에서의 주님의 기도막 14:36는 무엇인가? 자신의 모든 것을 포기하는 기도, 즉 "아버지의 원대로 하옵소서"라는 기도이다. 따라서 안으로 향하는 성자에게 드리는 기도는 "자아의 포기"에서 "복종의 기도"아버지의 뜻대로로 향한다.

그러면 기도의 한계는 무엇인가? 달라스 윌라드Dallas Willard는 우리가 안으로 향하는 성자께 드리는 기도를 드릴 때 세 가지 영역으로 우리를 변화시켜 간다고 했다. 첫째는 전통적 영역으로서 금식, 예배, 찬양 등이며 둘째는 저항, 불순종, 회개, 굴복, 믿음, 순종으로 향하게 되는 영역이며 셋째는 매일같이 당하는 좌절과 시련, 유혹을 통해 우리 안에 키워주는 인내심이라고 했다. 그는 이 세 가지를 "황금의 삼각형"이라고 불렀다.

이 변화를 위한 훈련으로 이그나티우스는 "영적 훈련"이라는 책에서 네 가지 훈련을 언급했다. 첫째는 우리의 죄에 초점을 맞추는 훈련이고, 둘째는 그리스도의 삶에 초점을 맞추는 훈련이고, 셋째는 그리스도의 고난에 초점을 맞추는 훈련이고, 넷째는 그리스도의 부활에 초점을 맞추는 훈련이라고 했다. 이 훈련은 그리스도를 닮는 데 있었다. 그러나 이 훈련은 성령의 특별한 은혜와 은사 없이는 불가능하다.

솔직히 우리는 아무리 노력해도 잔소리하는 친구들에게 미소를 짓기 어렵고 우리 안에 있는 이기심을 정복하지 못한다. 그것은 하나님의 은혜와 그리스도의 사랑에 완전히 빠져서 자신을 포기할 때만 가능하기 때문이다.

지금 우리가 말하는 안을 향하는 움직임을 위해서는 절대고독이 필요하다. 이 고독은 자신이 토기장이이신 하나님의 손 안에 있는 진흙임을 깨닫게 해준다. 그런데 문제는 우리는 쓸데없는 일에 너무 분주하고, 특히 스마트폰에게 온전히 사로잡혀 포로처럼 되어 있기 때문에 이 절대고독이 필요하다. 우리는 세상에서 고독을 피하기 위해 취미생활도 하고 친구도 사귀고 심지어 결혼도 하지만 이런 것들이 우리에게 절대고독의 체험을 갖지 못하도록 방해한다. 그러나 절대고독 없이 우리는 참 자유인이 될 수 없다. 인간의 소리를 적게 들으면 적게 들을수록 절대고독의 단계에 이르기가 쉬워진다. 그러나 절대고독은 자기 자신에게 대해서도 죽어야 하는 단계이다.

선교사인 이용규 목사는 《내려놓음》2006이라는 책에서 세상에서는 내려놓으면 모든 것을 잃는다고 유혹하지만 그러나 내려놓을 때에 우리는 참으로 자유롭게 되고, 하나님의 일을 할 수 있게 된다고 하면서 자신의 예를 들어 간증하고 있다. 이것은 불교에서 특히 강조한 말이다. 집착을 버려야 해탈한다고. 그러나 기독교에서는 그냥 내려놓으라고 말하지 않는다. 세상의 것들을 내려놓는다는 것은 나를 비우고 그리스도로 채우려는 데 목적이 있는 것이기 때문이다. 이용규 선교사도 그런 뜻에서 말한 것으로 본다.

포스터 교수는 두 번째로 위를 향한 성부께 드리는 기도를 언급하고 있다. 이것은 하나님과의 친밀한 교제를 구하는 것을 말한다.

이 기도는 찬양에서 시작된다. 찬양은 하나님을 경배하고 높이고 존귀하게 여기려고 할 때 일어나는 열망이다. 이 찬양은 하나님의 선하심과 사랑에 초점을 맞춘다. 찬양은 곡조 있는 기도이기 때문에 이 찬양을 통해 우리는 하나님께 대한 우리의 사랑을 표현한다. 많은 성도들은 찬양을 통해 가슴 설레는 체험들을 가진다. 필자의 경험으로는 찬양으로 가슴이 뜨거워지지 않은 예배에서는 어떤 설교도 가슴에 와 닿지 않는다. 그래서 각 교회마다 설교 전에 찬양을 많이 불러 마음의 문을 열려고 한다.

우리가 찬양의 기도를 드릴 때 거기에는 감사와 찬송이 함께 일어난다. 구약시대를 보면 왕정 시대, 특히 다윗의 시대를 보면 제사장들을 택하여 언약궤 앞에서 찬양만 하는 사명만을 맡겼다대상 16:4-36. 어떻게 보면 찬양이 감사보다 더 높은 수준이라고 할 수 있다. 왜냐하면 찬양할 때에는 감사가 일어나고, 하나님의 위엄과 능력과 은혜와 구속하심을 바라보게 되기 때문이다.

 그러나 이 찬양을 방해하는 것들이 우리 주변에 많이 있다. 첫째는 부주의함이요 둘째는 다른 것에 주의를 기울이는 것이다. 셋째는 탐욕이요 넷째는 영적 교만이다. 남보다 더 은혜를 받으면 이 영적 교만에 빠지기 쉽다. 그래서 방언하는 사람들을 보면 방언을 못하는 사람들을 신앙이 없다고 본다. 그런데 이 찬양의 기도는 그냥 되는 것이 아니라 훈련을 통해 배워야 된다.

 하나님께 드리는 기도에서 중요한 것은 하나님 안에서 안식을 누리는 것이다. 주일 예배를 드리면서 우리가 잃은 것은 안식의 참된 뜻이다. 안식은 단순히 휴식하는 것이 아니다. 이 안식에는 더 많이 가지려는 탐욕의 마음을 자제하는 것이 들어 있다. 솔직히 우리는 소유하려는 소유욕 때문에 노예처럼 물질에 매여 산다. 따라서 안식에서 중요한 것은 모든 것을 자신의 손 안에 움켜쥐려는 것에서 해방되어야 참된 안식을 누릴 수 있다. 하나님께서 말씀하신 안식은 체념이나 게으름을 의미하지 않는다. 우리가 물러나서 하나님께서 무엇을 하도록 하는 것은 기독교 신앙이 아니라 힌두교 사상이다. 힌두교인들은 운명에 모든 것을 맡기고 그냥 수동적으로 순응한다. 그런데 소위 기독교인 가운데도 그런 사상을 가진 사람들이 적지 않게 있다는 것은 참으로 안타까운 일이다. 그러나 우리는 우리의 연약함을 아시는 주님께서 우리를 위해 기도해 주시는 것을 믿고 의지한다. 따라서 어떤 면에서 우리가 기도하지만 그것은 내가 아니라 내 안에 계신 주님께서 기도하는 것이다.

이 두 번째의 위를 향해 움직이는 성부 하나님께 드리는 기도는 하나님 보좌 앞에서 성령께서 우리가 기도할 때 가지는 탄식과 한숨을 해석해 주신다. 그의 아들 예수 그리스도는 우리를 위해 우리 기도를 중재하신다. 또 아버지 하나님은 하늘 보좌에 앉으셔서 우리 기도를 가지고 그의 아들 예수 그리스도와 대화하시는 것이다.

우리를 위한 안식의 기도는 세 가지 단계로 할 수 있다고 포스터 교수는 말한다. 첫째는 고독을 통한 변화이며, 둘째는 하던 일을 멈추는 것이다. 이것은 우리의 상호의존적인 것을 멈추는 것을 말한다. 이때에 우리는 에벤에셀삼상 7:12의 하나님과 만난다. 셋째는 날마다 돌이키는 삶을 사는 것이다. 우리가 눈물을 흘리며 기도하는 것은 우리가 죄인임을 깨달았다는 뜻이요 그동안 하나님으로부터 분리된 삶을 산 것을 고백하는 것이다. 물론 돌이키는 삶은 예수 그리스도의 십자가를 통해서만 가능해진다. 따라서 회개는 하나님으로부터 온 선물이다. 이 회개의 순간 우리는 마음속에 참된 기쁨을 체험한다. 그래서 어떤 신학자는 "눈물의 은사"라고 불렀다.

지금 가톨릭이나 성공회에서는 기도할 때 기도의 책을 사용하는데 이것을 개신교에서는 너무 형식적이라고 해서 사용하지 않는 것이 관례이지만 이 방법이 단점만 있는 것은 아니다. 좋은 점도 있다. 첫째는 기도의 내용이 분명하고 중언부언하지 않는다는 것, 둘째는 성도들이 서로 교통하고 연합할 수 있다는 것, 셋째는 남의 시선을 집중시키거나 사람들을 즐겁게 하려는 유혹을 피할 수 있다는 것, 넷째는 습관적으로 하는 기도를 피할 수 있게 하고, 다섯째는 기도의 부담을 갖지 않아도 된다는 점 등이다.

가장 완전한 기도의 하나는 성찬식을 자주 가짐으로써 귀로만 듣는 말씀인 설교뿐 아니라 눈에 보이는 말씀인 성찬식을 통한 기도를 하는 것이다. 다시 말해서 성찬식은 보이지 않는 말씀을 보이게 하는 기도라고 할 수 있다. 물론 우리가 교부시대처럼 성례신학을 지나치게 강조하는 것도 문제가 없지 않으나 지금 우리 개신교들은 성찬식을 통한 눈에 보이는 말씀의 가치와 의미를 축소 내지는 상실하고 있는 것은 부인할 수 없는 사실이다.

끝으로 몸으로 드리는 기도도 있다. 성경에 보면 이스라엘이 아말렉 족속과 싸울 때 모세가 "양손을 높이 들고" 기도한 것이 바로 몸으로 드리는 기도이다. 또 엘리사가 수냄 여인의 아들을 살려달라고 그 아이 "위에 엎드린 것"도 그 예이다. 또 다윗이 거룩한 성에 법궤가 들어올 때 여호와 앞에서

"춤을 춘 것"도 몸으로 드리는 기도이다. 신약에서는 사도 요한이 영광의 주님을 보고 그 앞에 "엎드린 것"도 몸으로 드린 기도이다. 성경에 나오는 가장 흔한 기도의 자세는 "양손을 펼친 채 완전히 엎드리는 것"이다. 우리에게 가장 익숙한 기도는 양손을 들고 손바닥을 위로 향하는 것이다. 필자가 사용하는 몸의 기도는 첫째는 두 손을 높이 들어 하나님께 항복하게 하고, 둘째는 바친다는 헌신의 뜻이고, 셋째는 하나님께서 우리에게 주시는 축복을 받는다는 세 가지 의미로 손들고 기도하게 하였는데 많은 사람들이 감동하는 것을 보았다.

몸으로 드리는 기도 가운데 추천할 만한 것은 "춤을 함께 추는 것"이다. 이것은 예배의 한 부분으로 사용할 수도 있으나 문제는 많은 사람들이 춤은 술 먹고 술집에서나 하는 짓이라고 하는 한국의 문화적 편견을 없애는 것이 쉽지 않다는데 있다. 오래전 필자가 유대인들만 모이는 메시아교회유대인들은 기독교란 말 대신에 메시아교회라고 부른다에서 부흥회를 할 땐데 필자의 설교에는 별 반응이 없었는데 설교가 끝나고 그들이 함께 찬양할 때 마치 한국의 강강술래처럼 빙빙 돌면서 춤을 추며 찬양하는 것을 보고 필자가 충격과 함께 큰 은혜를 받은 적이 있었다. 우리는 가끔 '율동 찬양', 혹은 '몸짓 찬양'을 하는데 그것도 같은 맥락이라고 할 수 있다. 사실 찬양과 기도는 같은 것이다. 기도는 곡조 없는 찬양이고, 찬양은 곡조 있는 기도이다.

여기서 중요한 것은 "쉬지 말고, 기도"살전 5:17하는 것이다. 과연 이것이 가능한가? 만약 쉬지 말고 기도하는 것이 불가능하다면 바울은 정신 나간 사람이라고 할 수 있다. 그러나 분명 이 쉬지 않고 기도하는 것은 가능할 뿐 아니라 우리의 영성을 위해서 꼭 해야 한다.

그러면 어떻게 하는 것이 쉬지 말고 기도하는 것인가? 필자가 깨달은 것은 첫 번째 방법으로는 '중보기도'를 하는 것이다. 즉 24명이 릴레이식으로 매일 한 시간씩 기도하면 우리는 쉬지 않고 기도할 수 있다. 이것은 여러 교회에서 시도해 보았는데 그 역사는 놀라웠다.

두 번째는 "개인이 쉬지 말고, 기도"하는 방법이다. 이 쉬지 말고 기도하는 것은 여러 선배들을 통해서 우리가 배울 수 있다. 예를 들면 브라더 로렌스는 이렇게 말했다. "하나님과 끊임없이 대화하는 것보다 더 기쁘고 충만한 삶은 없다"고 했다. 레더의 성 요한은 "숨 쉴 때마다 하나님을 기억하는 것"이라고 했다.

여기서 우리가 기억할 것은 성경이 우리들에게 쉬지 말고 기도하라고 한 사실이다. 바울은 데살로니가전서 5장 17절에서 "쉬지 말고 기도하라"고 했고, 로마서 12장 12절에서는 "기도에 항상 힘쓰라"고 했다. 또 에베소서 6장 18절에서는 "항상 성령 안에서 기도하라"고 했다. 골로새서 4장 2절에서는 "기도를 계속하고"라고 했고, 빌립보서 4장 6절에서는

"아무것도 염려하지 말고 다만 모든 일에 기도와 간구로, 너희 구할 것을 감사함으로 하나님께 아뢰라"고 했다. 또 히브리서 13장 15절에서는 "항상 찬송의 제사를 하나님께 드리자 이는 그 이름을 증언하는 입술의 열매니라"고 했다. 예수님도 누가복음 18장 1절에서 "항상 기도하고 낙심하지 말아야 한다"고 했다.

그러므로 이 시대에도 쉬지 않고 기도해야 할 것은 두말할 필요가 없다. 문제는 어떻게 하는 것이 쉬지 않고 기도하는가이다. 교회사를 보면 두 가지로 쉬지 않고 기도하려고 했다. 첫째는 "단숨의 기도"Breath Prayer이다. 단숨의 기도 중 가장 유명한 것은 "주 예수 그리스도여, 이 죄인을 불쌍히 여기소서"라는 기도이다. 이것은 누가복음 18장 13절에 나오는 말씀이다. 동방 기독교의 전통에는 "숨을 내쉬는 기도"라고 하는 단숨 기도가 있다. 그것은 시편에서 볼 수 있는 형태이다. 시편 139편 1절에 "여호와여 주께서 나를 살펴보셨으므로 나를 아시나이다"라는 구절에서 볼 수 있는 말씀이다. 따라서 우리가 "주 예수여 제게 은혜를 베푸소서"라든지 "성령이여 나의 죄를 밝혀 주소서" 혹은 "주 예수님, 저로 사랑받고 있음을 느끼게 하소서" 같은 단문 형식의 기도를 할 수 있다. 여기서 주목할 것은 이런 기도는 요청 기도요 자아에 초점을 둔 기도란 점이다. 그래서 더 좋은 방법은 "주님, 주님의 진리대로 살게 하여 주옵소서" 같은 기도는 참으로 권장할 만한 기도이다.

둘째로 쉬지 말고 기도하는 또 다른 방법으로 매일매일의 활동 속에서 하나님의 임재를 인식하고 마음속에 끊임없이 솟아나는 찬양과 감사를 속삭이듯이 기도하는 방법이다. 여기서 우리가 기억할 것은 쉬지 말고 기도하는 것은 그 방법이 무엇이든 쉽지 않다는 점이다. 그것은 그냥 되는 것이 아니라 끝없는 훈련을 통해서만 이루어진다. 세계적인 피아니스트가 되는 것이 오랫동안의 훈련으로 되는 것과 마찬가지 이치이다. 다음으로 중요한 것은 기도하는 것이 의식 속에 들어가게 하는 것이다. 셋째는 무의식에까지 박히게 하는 것이요 넷째는 우리의 전인격 속에 스며들게 하는 것이다.

여기서 우리에게 다가오는 문제점은 이 쉬지 않고 기도하는 것이 중언부언 기도하는 것과 어떻게 다른가이다. 예수님께서 겟세마네 동산에서 기도할 때 보면 아주 간단한 기도를 반복해서 드렸다마 26:39. 다시 말해 반복해서 드리는 기도와 중언부언하며 기도하는 것은 다르다는 점이다. 무엇이 다른가? 반복 기도한다는 점에서는 같다. 그러나 주님의 반복 기도를 보면 아주 짧은 기도를 땀이 피가 되도록 간절하게 드린 것을 볼 수 있다. 그러나 중언부언하는 기도는 기도를 길게 하기 위해서 사람들에게 보이려고 이것저것 늘어놓으며 자신이 무엇을 기도했는지도 모르고 길게 엿가락 늘여놓듯이 기도하는 것이 다르다.

아버지 하나님께 드리는 기도에서 중요한 것은 "아빠 기도"이다. 구약에서는 볼 수 없으나 신약에서 강조하고 있는 것 중의 하나는 예수님께서 하나님을 "아빠"라고 불렀다는 점이다막 14:36; 롬 8:15; 갈 4:6. 여기서 "아빠"란 말은 신약성경에 세 번 나오는데 마가복음에 보면 예수님께서 겟세마네 동산에서 기도 중에 하셨던 말이다막 14:36. 바울은 이 말을 두 번 사용했는데 그리스도인이 하나님을 가리켜 영적으로 부르짖을 때 사용했다롬 8:15; 갈 4:6. 이 "아빠"라는 말은 "나의 아버지"라는 아람어에서 유래된 말이다.

이 "아빠"란 말은 유대인 아이들이 제일 먼저 배우는 말이다. 우리말로 정확하게 번역하여 "아빠"란 말이므로 친근한 용어이다. 놀라운 것은 이 "아바"Abba란 말은 구약 어디에도 나오지 않고 오직 주님께서 한 번, 그리고 바울이 두 번 사용한 점이다. 이 말은 예수님이 누가복음 2장 49절에 "내가 내 아버지 집에 있어야 될 줄을 알지 못하셨나이까"란 말과 "너는 내 사랑하는 아들이라 내가 너를 기뻐하노라"눅 3:22에서 그 의미가 잘 나타난다. 가장 잘 나타난 것은 겟세마네에서의 기도이다막 14:36. 다시 말해서 예수님과 성부와의 밀접한 관계를 표현한 것이다. 필자는 자주 "아바 아버지" 하며 반복해서 속으로 기도한다. 그 순간 내가 아버지 하나님 현존 앞에 있고 주님은 나를 향해 있음을 체험한다.

우리가 쉬지 않고 기도하려면 세 번째는 "마음의 기도"를 해야 한다. 그러면 마음의 기도란 무엇인가? 그것은 간단히 말하면 성령께서 우리 안에 내주하여 거하시는 것을 말한다. 기도에는 입술로 드리는 기도와 지성으로 드리는 기도와 마음으로 드리는 세 가지 종류의 기도가 있다. 여기서 중요한 것은 마음의 기도를 드리면 우리 능력의 한계에 도달한다. 말을 하려 해도 말이 나오지 않아 그냥 낑낑거릴 뿐이다. 이때에 성령께서는 말할 수 없는 탄식으로 우리의 기도에 개입하신다. 이 시점에 성령께서 우리에게 양자의 영을 부어 주셔서 그 영을 통해 우리는 하나님을 "아바 아버지"라고 부른다롬 8:17-26.

이 마음의 기도에 들어가면 무한한 기도를 하게 된다. 이때 우리에게 말씀을 주신다. 그것을 레마마 4:4라고 부른다. 또 바울이 하나님의 말씀은 좌우에 날선 검과 같다고 할 때에도 레마라는 단어를 사용했다엡 6:17. 다시 말하면 성경을 읽을 때에 때때로 특별한 말씀을 경험하게 되는데 그것은 말씀이 개인의 상황에 새롭게 적용되는 경우로서 그것을 '레마'라고 한다. 여기서 중요한 것은 마음의 기도를 하게 될 때에 레마와 함께 방언을 체험한다는 점이다.

그러면 방언이란 무엇인가? 성경에 보면 두 가지 종류의 방언이 있다. 하나는 사도행전 2장 오순절 때에 했던 외국어 방언이 있고 다른 하나는 일명 천사의 언어라고 하는 방언이 있다고전 13장. 어떤 학자들은 이 방언을 '기도의 언어'라고 부른다.

여기서 잠깐 살펴볼 것은 '입신'이 무엇인가이다. 입신이란 일반적으로는 무당들에게 신이 내려서 들어갈 때를 말한다. 성경에는 입신이라는 말은 나오지 않고, 다만 "신접한 자"란 말이 구약에 많이 나온다. 성경에서는 신접한 자와 박수를 같은 계열로 언급하고 있다. 그뿐 아니라 신접한 자를 믿지 말고 용납하지 말며 쫓아내라고 하였다. 그러나 기독교에서 입신이란 말을 할 때에는 성령의 능력에 의해 붙잡히는 체험으로서 잠시 동안 의식을 잃는 것을 말하는 경우이다. 입신하면 무아지경에 들어가고 어떤 사람들은 바닥이나 마루에 넘어지기도 한다. 그러나 부흥사들이 행하는 많은 경우에 가짜 입신이 많은 것은 참으로 개탄할 일이다. 필자가 본 것 가운데 많은 경우는 최면술을 통해서 소위 입신시키는 경우이다. 또 최근에는 "거룩한 웃음"이 있는데 이것도 마음의 기도에 들어가지만 그 진위를 판단하는 것은 쉽지 않다. 중요한 것은 마음의 기도란 사랑의 반응이라는 점이다. 포스터 교수는 세 번째 밖으로 향하는 기도, 즉 성령께 드리는 기도가 있다고 하였다. 다시 말하면 안으로 향하는 주님께 드리는 기도는 변화를 위한 기도이고, 위로 향하는 성부께 드리는 기도는 하나님과의 친밀함을 위한 기도이고, 마지막 밖으로 향하는 성령께 드리는 기도는 사역을 위한 기도라고 구분해서 언급했다. 그리고 그는 밖으로 드리는 기도는 일곱 가지가 있는데 일상적인 기도, 간구하는 기도, 중보의 기도, 치유의 기도, 고난의 기도, 권세 있는 기도, 마지막으로 철저한 기도가 있다고 했다.

솔직히 말해서 필자는 하나님은 삼위일체이시기 때문에 기도할 때마다 꼭 성부와 성자와 성령으로 구분하여 기도할 필요는 없다고 본다. 다만 중요한 것은 우리의 기도가 좀 더 풍성키 위해서는 안으로 향하는 변화를 위한 기도와 위를 향하는 친밀함을 위한 기도와 끝으로 밖으로 향하는 사역을 위한 내용의 기도는 구분하는 것이 논리적으로도 좋고 또 보다 간절하고 깊은 기도를 드릴 수 있다고 본다.

4. 기도의 종류에는 어떤 것이 있는가?

크게는 두 가지가 있다. 사역을 위한 기도와 필요를 위한 기도이다. 그러나 이것을 좀 더 세분하면 다음과 같이 나눌 수 있다.

첫 번째는 단순한 기도이다.

아기가 태어나면 필요한 것이 있을 때마다 그냥 울기만 하듯이 우리는 교회에 나가면서부터 그냥 아기처럼 떼쓰고 우는 기도만 했다. 그것이 바로 단순한 기도이다. 거의 매번 비슷한 기도를 해왔다. 그런데도 그것이 통했고, 그래서 계속 그렇게 기도하면 된다고 생각하는데 그것은 더 성장하기를 바라는 하나님의 마음을 아프게 하는 것이다. 왜 기도해야 하는지, 또 기도는 어떻게 해야 하는지 성경과 목사들의 설교를 통해서 우리는 조금씩 배워 간다. 그러나 목사들은 통성기도나 묵상기도나 금식기도에 대해서는 많이 말하지만 기도의 모든 것을 다 가르쳐 주지는 않는다. 여기서 통성기도는 한국에서 토착화된 기도이다. 다른 나라에서는 볼 수 없는 형태이다. 그래서 개인적으로 여러 책자들을 읽고 배우지만 아무도 속 시원하게 기도의 모든 것을 다 가르쳐주지도 않고, 또 그럴 수도 없다.

두 번째는 묵상기도이다.

지금 많은 경우 침묵의 기도와 묵상기도를 혼동하고 있다. 묵상기도는 침묵의 기도와는 달리 성경에 근거한 것이어야 한다. 성령으로 충만하려면 성경으로 충만하고, 성경으로 훈련되어야 한다. 묵상기도에서 중요한 것은 단순히 성경을 인용하고 사전의 역할을 하는 것이어서는 안 된다. 성경 공부하는 것과는 다르기 때문이다. 묵상기도에서 중요한 것은 기본적으로는 기도하는 마음과 상상력을 통해서 하는 것이다. 추상적인 묵상만을 통해서 하나님을 체험하는 경우는 거의 없다. 우리는 자신의 감각에 더 깊이 뿌리를 내릴 필요가 있다. 우리가 성경을 지성적으로 이해하는 것도 필요하지만 거기에 덧붙여서 감성적으로 이해하지 않으면 온전히 이해했다고 말할 수는 없기 때문이다.

그러나 상상력의 사용을 통해 기만이나 조작에 빠질 수도 있다는 것을 잊지 말아야 한다. 로욜라의 이그나티우스는 모든 감각을 총동원하라고 권면한다. 감각을 동원한다는 것은 바다의 냄새나 해변의 물소리나 새들이 날아가는 것을 상상할 때 성경의 말씀을 우리의 피부로 느낄 수 있고, 심지어 예수님의 옷깃을 만질 수도 있는 것이다. 그래서 20세기 최대의 신학자인 칼 바르트는 기록된 말씀인 성경에서 지금 우리에게로 살아서 움직이는 하나님의 말씀을 들어야 한다고 했다. 그러나 우리가 성경의 무오류성만 주장하면서 실제로는 성경대로 생활하지 않는다면 결국 우리는 이중인격자가 된다. 묵상기도할 때 상상력을 동원한다는 것은 기도를 통해서 성령이 역사하는 레마를 듣고 느끼고 생활화하는 것을 말한다.

세 번째는 무언의 기도이다.

여기서 먼저 알 것은 무언의 기도는 초신자들은 별로 관계가 없고 교회의 평신도 지도자들이나 목회자들에게 꼭 필요한 기도이다. 루이스는 무언의 기도는 영적인 세계를 어느 정도 아는 사람들을 위한 것이라고 경고했다. 왜냐하면 항상 말만 하는 목회자들에게는 말 중독증에서 벗어나기 위해서는 이 무언의 기도가 꼭 필요하다. 시편 기자가 "나의 영혼이 잠잠히 하나님만 바람이여"시 62:1라고 말한 것도 바로 무언의 기도이다.

한국에서는 예배를 시작할 때에 묵상기도를 함으로 시작하는 경우가 많이 있다. 그러나 대부분의 교인들은 오르간 전주나 듣고, 조용히 정신을 가다듬는 것으로 끝난다. 사실 우리가 기도할 때 소리를 내어 기도하는 것과 소리 없이 무언으로 드리는 기도가 있다. 여기서 소리를 내어 기도하는 것보다 무언의 기도를 드리는 것이 몇십 배 더 어렵다. 무언의 기도는 하나님을 응시하는 것이요 천국에 대한 묵상 연습이다. 중요한 것은 무언의 기도의 목표가 뚜렷해야 한다는 점이다. 그것은 바로 '하나님과의 연합'에 있다. 요한복음 15장에 보면 예수님께서 포도나무 비유를 말씀하신 것이 나온다. "나는 포도나무요 너희는 가지라"5절. "내 안에 거하라 나도 너희 안에 거하리라"4절.

여기서 중요한 것은 무언의 기도는 고도의 훈련 없이는 불가능하기 때문에 조심을 해야 한다는 점이다. 심지어 C.S. 루이스도 이 무언의 기도에 실패했다고 고백하고 있다. 무언의 기도를 드리려면 먼저 '마음의 평정'에서 시작해야 한다. 세상의 모든 복잡한 일들을 다 잊고 침묵하여 하나님께 귀를 기울여야 하기 때문이다. 다음은 우리의 '마음이 최상의 상태에 이르러야' 한다. 시편 기자가 "나의 영혼이 잠잠히 하나님만 바람이여 나의 구원이 그에게서 나오는도다"시 62:1고 고백한 것처럼 우리의 마음이 전적으로 하나님께 귀를 기울여야 하기 때문에 다른 모든 세상의 일들을 잊어야 한다. 무언의 기도는 하나님께서는 우리의 모든 사정을 아실 뿐 아니라 내가 기도할 내용도 다 알고 계신다는 것을 믿고 하나님의 얼굴만 보는 자세이다.

  무언의 기도에서 중요한 것은 인내심이다. 인내심 없이는 무언의 기도를 하는 것은 불가능하다. 많은 사람들이 기도의 중요성을 알면서도 하지 못하는 것은 인내심이 부족하기 때문이다. 기억할 것은 하나님의 물레방아는 천천히 돌지만 그러나 곱게 빻는다는 점이다.

  네 번째는 은밀한 기도마 6:6이다.

  은밀한 기도를 하려면 은밀한 장소를 구해야 한다. 자연을 벗 삼아 기도하는 것은 옛부터 전해 내려오는 가장 좋은 전통적 방법이다. 물론 새벽에 교회에 나와서 기도하는 방법도 있지만 집에서 한 곳을 정하고 기도할 수도 있다. 새벽기도를 할 때 늘 자기가 앉는 장소에서 하면 익숙하게 은밀한 기도를 할 수 있는 장점이 있다. 가능한 한 시간은 규칙적으로 하는 것이 좋으며 장소도 한 곳이면 더욱 좋다. 은밀한 기도는 자칫하면 잠들 수 있기 때문에 잠들지 않도록 조심해야 하고, 자칫하면 잡념에 빠질 수 있기 때문에 말씀의 묵상을 겸하여 하면 잡념에 빠지는 것을 피할 수 있다.

다섯 번째는 묵상기도이다.

무언의 기도와 묵상기도는 비슷하지만 그러나 서로 다르다. 무언의 기도는 소리만 내지 않을 뿐 일반기도처럼 찬양과 경배, 감사와 회개와 간구를 한다. 그러나 묵상기도는 주로 성경 말씀을 근거해서 특히 유명한 구절을 중심으로 기도하는 것이 보통이다. 예를 들면 시편 23편이나 시편 119편 97절, 103절 같은 구절이나 그밖에 자기가 암기하고 있는 중요한 성경구절을 놓고 그 말씀을 묵상하는 것이다. 그러나 이 묵상기도는 여기서 끝나는 것은 아니고, 심지어 자신의 상상력을 활용해서 그 말씀의 배경이나 뜻이나 내용을 분해하면서 기도하는 것이다. 말씀의 묵상 가운데 중요한 것은 그 말씀을 묵상하는 가운데 주님을 만나서 대화도 하고, 그의 따뜻한 음성을 들을 수도 있다. 필자의 체험으로는 묵상기도할 때 주님의 음성을 가장 많이 그리고 생생하게 들을 수 있었다. 그것이 묵상기도의 중요한 유익이다.

여섯 번째는 가정 기도행 10:2이다.

가정은 가장 중요한 제단이다. 그러므로 가정의 제단 쌓기를 게을리하지 말아야 한다. 가정 제단의 가장 중요한 것은 가정에서의 기도이다.

가족이 함께 기도하면 자녀들은 부모의 기도하는 모습을 평생 기억하고, 성장해서도 교회생활을 떠나지 않는다. 필자는 아들들의 교육을 아내가 거의 전담하였기 때문에 아버지의 기도하는 모습을 자녀들에게 별로 보여주지 못하였지만 손자와 손녀들에게는 다행히 그럴 기회와 시간이 많아서 아이들이 배우고 본 대로 열심히 기도하는 것을 볼 때마다 마음으로 흐뭇함을 느낀다. 그 중에서도 유치원에 다니는 손자는 저녁 기도를 늘 나보다도 세밀하고 길고 오래도록 하여서 교육이 얼마나 중요한가를 뼈저리게 느낀다.

가정에서의 기도는 가정천국을 맛보게 하는 효과가 있다. 가정은 에덴동산을 상실한 우리 인간에게 가정 제단을 통해서 회복하고 맛보게 한다. 부부간의 모든 갈등과 어려움도 해결해 주는 역할을 한다. 가정에서의 기도는 아버지나 어머니 등 어른들만 하면 큰 효과가 없다. 돌아가면서 조금이라도 다 기도하도록 해야 아이들이 집에서 기도하는 법을 배우고 생활화할 수 있다.

일곱 번째는 합심기도마 18:19이다.

이 합심기도가 중요한 것은 주님께서 너희 두세 사람이 함께 있는 곳에 주님도 함께 계신다고 약속했기 때문에 합심기도는 아주 중요하다. "너희 중의 두 사람이 땅에서 합심하여 무엇이든지 구하면 하늘에 계신 내 아버지께서 그들을 위하여 이루게 하시리라"마 18:19고 약속했기 때문이다. 합심기도는 상대방에게 격려가 되기 때문에 함께 기도하면 서로에게 힘이 된다. 나무도 한 가지에만 불을 붙이면 바람에 금방 꺼지지만 여러 개를 함께 태우면 젖은 장작도 마침내 불이 붙듯이 함께 기도하는 것은 많은 점에서 유익하다. 필자의 체험으로는 혼자 기도하는 것도 응답되지만 함께 기도하면 더욱 놀라운 역사가 나타났다.

합심기도는 구역회나 교회의 작은 모임에서 큰 효과를 거둘 수가 있다. 감리교에서의 생명은 바로 이 속회구역회에서 함께 기도하는 데 있다.

여덟 번째는 공중기도고전 14:14-17이다.

흔히 말하는 대표기도나 구역에서 드리는 교대로 하는 릴레이식 기도나 소그룹에서 하는 기도가 여기에 속한다. 이 기도에서 중요한 것은 다른 사람들이 기도할 때에 '아멘'으로 응답하는 것이 중요하다. 그것은 그 기도가 기도하는 사람만의 기도가 아니라, 바로 나 자신의 기도가 될 수 있기 때문이다. 그 응답은 기도자에게 힘이 되고 자신에게는 하나님의 현존 앞에 서게 해준다.

예배 때에 대표기도를 할 때 적어서 할 것인지 아니면 그냥 즉흥적인 기도를 해야 할지는 둘 다 장점과 단점이 있다. 적어서 하는 경우는 많은 사람들 앞에 서서 기도하는 경험이 부족한 사람들에게 큰 도움이 된다. 최근에 보면 많은 장로들이 기도문을 기록해서 그것을 읽는 사람들도 적지 않게 있는 것을 볼 수 있다. 기록하지 않고 기도하는 사람들은 준비가 부족할 때에는 중언부언하며 기도하기도 한다. 그래서 필자는 대표기도는 반드시 준비를 하되 기도할 중요한 몇 가지 항목을 써서 기도하거나 그것을 기억할 수 있으면 기억해서 기도하면 본인도 기도 응답의 확신이 서고, 교인들도 아멘으로 응답할 수 있어서 좋다.

아홉 번째는 금식기도이다.

이사야 58장 6절에 보면 금식기도에 대해서 이렇게 기록하고 있다. "내가 기뻐하는 금식은 흉악의 결박을 풀어주며 멍에의 줄을 끌러 주며 압제 당하는 자를 자유하게 하며 모든 멍에를 꺾는 것이 아니겠느냐." 금식은 이사야 58장 6절에서 말한 대로 다섯 가지의 유익이 있다. 그것을 한마디로 요약하면 금식기도는 우리를 얽어매고 있는 모든 것에서 자유하게 한다는 것이다. 그러나 금식기도를 할 때 꼭 40일을 채워야 한다는 생각은 잘못이다. 목적에 따라 환경에 따라 기도의 날짜를 정하고 기도하는 것이 좋다. 그러나 금식기도에는 많은 위험이 따른다는 것을 기억해야 한다. 금식기도를 하다가 죽는 사람들을 많이 보았기 때문이다. 그것은 하나님이 기뻐하는 기도가 아니고 욕심으로 기도 제목을 꼭 이루려고 하는 잘못된 동기로 무리하게 기도하기 때문이다. 금식기도를 할 때에 물을 마셔야 하느냐 아니면 물도 안 마셔야 하느냐는 본인이 기도하기 전에 결정해야 한다. 필자의 체험으로는 한 끼씩 기도하는 것도 큰 효과가 있었다. 따라서 금식기도의 중요성은 그 기도가 생명을 걸고 기도한다는 데 의미가 있고 간절함의 증거라는 데 있다.

구약성경에 보면 국가적 위기가 있을 때마다 금식기도를 선포하고 온 백성이 함께 기도한 것을 볼 수 있다삼상 7:6; 느 1:4; 에 4:16. 그러나 기억할 것은 금식기도가 마술적 힘을 가진 것은 아님을 기억해야 한다. 금식기도를 통해 체중을 줄이거나 다른 사람들을 조정하려고 들어서는 안 된다.

그러면 금식기도에서 조심할 것은 무엇인가? 첫째로 아프거나 여행 중이거나 임신 중에는 금식하지 않는 것이 좋다. 둘째로 깨끗한 생수를 마시는 것을 병행하는 것이 좋다. 그러나 특별한 경우에는 물까지 마시지 않을 수 있지만 그것이 길 때는 생명을 잃을 가능성이 있다는 것을 기억해야 한다. 처음 금식기도하는 사람은 하루씩, 혹은 며칠씩 하다가 어느 정도의 수준에 오른 후에 40일 금식기도를 해야지 누가 40일 금식해서 하나님의 음성을 들었고 은사를 받았다는 말만 들어서는 안 된다. 금식기도를 할 때에는 유 경험자들의 지도를 받는 것이 도움이 된다. 금식은 과정도 중요하지만 끝난 뒤에 보식하는 과정이 가장 중요하다. 갑자기 음식을 많이 섭취해서 죽는 경우도 보았기 때문이다. 금식 후에는 처음에는 죽이나 동치미국을 조금씩 취하다가 어느 정도의 힘이 생겼을 때 일반 음식을 취하는 것이 좋은 방법이다. 또 금식할 때에는 성경과 생수를 옆에 두고 몸은 긴장을 풀고 호흡은 깊게 하는 것이 좋다. 금식 중에는 하루에 두세 번씩 예배를 드리는 것이 큰 도움이 된다. 금식기도 할 때에는 신문이나 잡지나 텔레비전은 멀리하는 것이 좋고, 스마트폰은 집에 두고 가는 것이 좋다. 그러나 긴급 상황을 생각해서 기도원 원장과의 연락의 문은 열어두는 것이 좋다.

열 번째는 관상기도이다.

한때 이동원 목사의 관상기도 세미나가 한국 여러 교회에서 유행하다가 이동원 목사가 그의 견해를 접은 후에는 지금은 좀 잠잠해진 상태이다. 감사한 것은 감리교 신학교에서 이에 대한 신학적 연구를 발표한 일이다. 그래서 여기서는 신학적 문제점과 함께 그 대안을 제시하려고 한다. 관상기도는 일명 향심向心기도라고도 하고 영어로는 centering prayer라고도 부른다.

이것이 유행한 것은 순복음교회에서의 기복적 기도와 부흥회식 통성기도에 대해 한국 교회가 식상해하고 염증을 느끼게 된 것이 그 배경이 된다. 그러면 관상기도란 무엇인가? 감리교 신학교의 이후정 교수는 이렇게 정의했다. "관상이란 말은 원천적으로 플라톤에게서 비롯된 것으로 진선미의 궁극적 이데아 혹은 지고의 실체에 대한 인식과 만남에 목표를 둔다"고 했다. 물론 관상기도가 플라톤의 철학에서 기원한 것은 사실이지만 그가 타종교의 다른 영향에 대해서 언급하지 않은 것은 좀 안타깝다. 관상기도에 대해 좀 더 구체적으로 말하면 첫째는 뉴에이지의 사상적 배경을 가지고 있다. 둘째는 오리겐을 비롯한 중세 신비주의에 영향을 받고 있다. 셋째는 레노바레renovare의 영성운동에 직접적인 뿌리를 두고 있다. 퀘이커 교도인 리차드 포스터가 《기도》란 책을 쓴 후 1988년부터 본격적으로 전개된 운동이기도 하다. 포스터는 인간의 내면세계에 내적 광명inner light이 있다고 보았다. 중요한 것은 포스터가 기도에 대해 여러 가지 좋은 이야기도 했지만 그의 신학적 배경이 심각한 오류를 가지고 있다는 점이다. 왜냐하면 그는 인간의 전적 타락이나 하나님의 형상에 대한 왜곡된 해석을 하고 있다. 즉 인간 안에 있는 하나님의 형상 자체가 하나님과 동일하다고 보고 있기 때문이다. 따라서 인간의 내면세계에 내적 광명이 있다는 것은 틀린 말이다.

넷째로 관상기도는 가톨릭과 뉴에이지New Age의 사상에서 유래한 것이다. 뉴에이지는 위에서도 언급했지만 동양의 신비주의와 점성술에 근거한 비빔밥 신학이다. 그들은 1960년도부터 시작하여 약 2000년 동안은 모든 인간이 신과 동일하다는 것을 깨닫는 시기, 즉 물병자리 시대라고 하면서 영성 방법으로 관상기도를 한다.

그러면 관상기도에서 말하는 준비 단계와 절차는 무엇인

가? 준비 단계는 첫째 정신 집중을 잘할 수 있는 장소를 정할 것, 둘째는 몸은 편안한 자세를 가질 것, 셋째는 어깨에 힘을 빼고 허리는 곧게 펴고 손은 가볍게 무릎 위에 올려 놓을 것, 넷째는 호흡의 리듬을 느리게 할 것, 좀 더 구체적으로 말하면 숨을 들이마시고 내뿜는 비율을 1대 2로 한다. 다섯째는 마음의 자리에 초점을 맞출 것, 여섯째는 마음과 정신이 연결될 때 예수님의 이름을 부르기 시작한다고 했다. "주여", "하나님의 아들 주 예수여, 나를 불쌍히 여기소서"를 부른다고 했다.

관상기도의 절차는 첫째는 성경을 읽고, 둘째는 주어진 구절을 명상할 것이며, 셋째는 하나님과 친밀한 교통을 하도록 기도할 것이고, 넷째는 관상경험하나님과의 일치의 체험으로 들어간다는 것이다.

여기서 잠깐 필자의 견해를 피력하려고 한다. 관상기도의 문제점은 종교적 신비주의, 인본주의적 심리학, 종교다원주의의 위험에 빠지기 쉽기 때문에 그 이름까지도 바꾸는 것이 좋다고 생각한다. 관상기도는 contemplation이란 말의 번역에서 유래했다. 그러므로 관상contemplation이란 말 대신에 묵상Meditation이란 말을 썼으면 한다. 관상기도에도 통성기도에서 얻을 수 없는 장점이 있기 때문에 무조건 이단이라고 비판만 하지 말고, 신학적으로 문제가 되지 않는 부분들은 우리가 참고로 해서 우리 것으로 만들었으면 좀 더 깊은 기도를 할 수 있을 것으로 본다. 솔직히 하나님과의 합일이란 것은 성경의 교리와 배치가 되기 때문에 받아들일 수 없고, 게다가 최근 가톨릭에서 많이 하는 기도의 방법이기 때문에 그것도 꺼림칙한 것이 사실이다. 따라서 묵상기도를 통한 깊은 기도를 하는 것이 보다 발전적 방법이라고 생각한다.

열한 번째는 중보기도이다.

중보기도라는 말은 오해하기 쉬운 용어이다. 왜냐하면 우리의 중보자는 오직 예수님뿐이기 때문이다딤전 2:5. 그러므로 우리가 주님과 같은 중보자의 입장에서 기도할 수는 없는 것이다. 그러나 주님이 제자들에게 기도를 가르치신 것처럼 주기도와 같은 방법으로 우리가 중보자는 아니지만 교회와 다른 사람들을 위해서 중보적으로 기도할 수는 있다.

필자는 목회할 때 중보기도 팀을 조직해서 24시간 릴레이식으로 기도하게 하였는데 큰 목회적 효과가 있었다. 물론 24명이 하루에 한 시간씩 교회의 기도실에 나와서 기도하게 하였다. 이들이 꼭 기도해야 할 제목들을 기록해서 그것을 보면서 그것을 중심으로 기도하게 한 것이다. 물론 다른 제목으로도 기도하지만 중요한 것은 교회의 중요한 행사와 문제들을 중심으로 기도하게 하면 반드시 성취되는 체험을 했다. 여기서 교회가 어떤 환자들의 병 낫기를 위해서 기도했는데 그들이 다 병이 나았는가라고 묻는다면 Yes그래 주마,

Wait좀 기다려라, No안 된다. 그것은 내 뜻이 아니다로 응답되었다고 말하고 싶다. 여기서 No가 어떻게 응답이냐라고 혹자는 말할지 모른다. 그러나 우리의 기도가 하나님의 영광을 가리거나 우리의 영적 생활에 해가 되는 것을 기도하는 경우에는 하나님께서 "아니다"No라고 응답하신다. 불행하게도 필자는 그것이 응답이란 것을 오랜 체험을 통해서 깨달았다.

열두 번째 기도는 호흡기도Breath Prayer가 있다.
호흡은 무의식적인 것이다. 호흡기도에서 우리가 주목할 것은 호흡 없이 인간은 살 수 없다는 것을 기억하면서 호흡기도에서는 하나님을 산소처럼 생각하고 하루 종일 호흡에 따라 생각하며 하나님을 기도하는 것을 말한다. 사도행전 17장 28절에 보면 "우리가 그를 힘입어 살며 기동하며 존재하느니라"는 말씀이 나오는데 그 말씀을 문자 그대로 실천하는 기도가 호흡기도이다. 호흡기도는 어떤 면에서 마음의 기도이다. 이 기도 방법은 동방정교회에서 특별히 강조하고 많이 하는 방법이다. 호흡기도의 내용은 누가복음 18장 39절에 나오는 "다윗의 자손이여 나를 불쌍히 여기소서"나 누가복음 18장 13절의 "하나님이여 불쌍히 여기소서"와 같은 구절을 호흡에 맞추어 반복하는 기도이다.

요약하면 호흡기도는 아주 단순한 기도이다. 하나님 앞에서 호흡할 때마다 현존 의식을 가지고 호흡의 리듬에 맞추어 드리는 관상기도의 일종이다. 호흡기도는 데살로니가전서 5장 16-18절의 "쉬지 말고 기도하라"는 말씀에 근거하여 호흡이 있는 동안 드리는 기도이다. 특히 호흡기도는 누가복음 18장 13절, 39절에 근거를 둔다.

필자는 충청북도 수안보에서 태어나 자랐기 때문에 어려서는 바다를 본 적이 없고, 개울물에서만 풍덩거리며 놀았다. 그래서 수영을 제대로 하지 못한다. 소위 말하는 '개 헤엄' 밖에는 못한다. 그래서 많이 늦었지만 최근에 코치를 통해서 정식으로 수영을 배우고 있다. 가장 어려운 것이 머리를 물 속에 담그고 가다가 오른쪽으로 고개를 돌리며 호흡을 하는 것이다, 길게 "푸-업" 하며 공기를 입으로 들이키고, 다음에는 고개를 숙이며 코로 "푸푸"하며 여러 번 내뱉는 것이다. 이것이 바로 호흡기도와 일맥상통한다.

5. 어떻게 기도해야 하는가?

(가) 예수님의 모범적 기도

복음서에 나타난 예수님의 기도를 보면 제자들에게 가르친 주기도마 6:9-13, 40일간의 금식기도마 4:1-11; 눅 4:1-13, 새벽기도막 1:35, 철야기도눅 6:12-19, 변화산에서의 기도마 17:1-13; 눅 9:28-36, 때를 기다리는 기도마 14:22-27, 제사장적 기도요 17장, 겟세마네에서의 기도마 26:36-46, 십자가 위에서의 기도눅 23:34; 마 27:46; 요 19:26-30 등을 볼 수 있다.

예수님의 제자들에게 가르친 기도주기도는 그 짜임새나 내용이 아주 놀랍다. 특히 찬송가에 나오는 주기도는 우리에게 어떻게 어떤 순서로 무엇을 기도해야 할지 자세히 가르쳐준다. 먼저 기도의 대상이 되는 아버지를 불렀다. "하늘에 계신 우리 아버지여". 기도의 대상이 누구인가를 말해주는 것이다. 예수님께서 하나님을 아버지라고 부른 것은 당시의 문화로는 있을 수 없는 혁명적 표현이다. 물론 이것이 하나님과 자신을 동일시한 것 결국 바리새인들과 서기관들과 대제사장에게 사형 선고를 받게 하는 결과를 가져왔지만 그러나 이 칭호야말로 우리들에게 중요한 것이다. 우리는 대중기도를 할 때 사람들을 의식하고 하는 기도를 많이 볼 수 있다. 그러나 기도의 대상은 오직 하나님뿐이시다. 그러면 그 아버지는 어떤 분인가? 하늘에 계신다고 했다. 그것은 높고 존귀하신 분임을 표현한 은유적 표현이다. 예수님은 "우리 아버지"라고 했다. 물론 나의 아버지이기도 하지만 중요한 것은 하나님은 우리 모두의 아버지라는 점이다. 이렇게 기도한 다음에는 크게 두 가지 내용으로 기도하라고 했다. 첫째는 하나님에 관한 것을 기도하고 다음에는 우리에 관한 것을 기도하라고 했다. 그 후에 성경에는 안 나오지만 주기도문에는 송영이 나온다. "대개 나라와 권세와 영광이 아버지께 영원히 있사옵나이다. 아멘". 물론 이 송영은 예수님이 직접 가르친 것은 아니지만 근거 구절은 역대상 29장 11절 상반절에 나오는 다윗의 기도이다. "여호와여 위대하심과 권능과 영광과 승리와 위엄이 다 주께 속하였사오니". 물론 주님께서는 역대상 29장 11절의 내용을 그대로 하지는 않았지만 그 내용을 주기도문에 맞추어 "나라와 권세와 영광"으로 잘 요약했다고 생각한다. 여기서 문제가 되는 것은 "대개"라는 말이다. 이 대개大蓋란 말은 "일의 큰 원칙으로 말하건데"인데 대부분의 사람들이 "대부분"이란 뜻의 대개大概로 오인하기 때문에 뺀 점이다. 원문을 보면 가르gar인데 그 정확한 뜻은 영어의 for, because이다. 그러므로 목회자가 수고가 되더라도 교인들에게 원문의 뜻을 밝혀주면서 그냥 그대로 두든가 아니면 기왕에 새로 번역할 바엔 원문gar대로 번역을 했더라면 좋았을 것이라고 생각한다.

그러면 주기도의 내용은 구체적으로 무엇인가? 조금 전에도 언급했지만 먼저 하나님께 대한 기도가 나온다. 그 세 가지는 첫째 "이름이 거룩히 여김을 받으시오며"이라고 했다. 여기서 이름은 하나님 자신을 말한다. 따라서 그 내용은 하나님께서 거룩히 여김 받기를 기도한 것이다. 두 번째는 "나라이 임하옵시며"라고 했다. 이것은 이 땅이 하나님께서 원하시는 대로 하나님이 통치하는 나라가 되기를 기도한 것이다. 세 번째는 "뜻이 하늘에서 이룬 것같이 땅에서도 이루어지이다"라고 했다. 이 기도는 하나님의 뜻이요 우리의 삶의 목적을 언급한 것이기도 하다. 하나님의 뜻의 성취가 바로 우리의 삶의 목적이며 소망인 것이다.

주기도의 내용은 하나님께 대한 기도 후에 우리의 필요를 따라 기도하라고 했다. 크게 세 가지로 되어 있다. 먼저 "오늘날 우리에게 일용할 양식을 주옵시고"라고 했는데 이 기도는 일용할 양식의 필요성을 말씀하신 것이다. 일용할 양식이란 단순히 양식만을 말한 것이 아니라 넓은 뜻으로 말한 것이다. 우리의 삶에 필요한 모든 것을 통틀어 말씀한 것이다. 그런데 왜 "오늘날"이라는 말을 넣었는가? 그것은 욕심으로 구하지 않게 하기 위해서이다. 오늘에 필요한 것을 간구하라는 말이다. 우리는 기도할 때에 미래에 필요한 것까지 다 간구한다. 그러나 그렇게 되면 하나님과의 관계는 점점 더 멀어진다. 하나님은 항상 우리와 가까이서 교통하시기를 원하시기 때문에 주님은 여기서 "오늘날"이란 말을 말씀한 것이다.

우리에 관한 두 번째 기도는 "우리 죄를 사하여 주옵시고"라고 했다. 인간이 불행해지는 가장 큰 이유는 죄의 권세 때문이다. 죄를 범하면 죄의 노예가 되어 자유를 빼앗기기 때문에 이 기도는 인간의 행복과 구원을 위해 아주 중요한 기도이다. 그런데 이상한 것은 "우리가 우리에게 죄 지은 자를 사하여 준 것같이"란 말이 그 앞에 나온다는 점이다. 그러나 이것은 하나님께서 조건부로 우리 죄를 사하여 준다는 뜻은 결코 아니다. 우리를 용서해 주는 하나님을 닮으라는 뜻이다. 하나님께서 우리 죄를 용서해 주지 않느냐? 그러므로 너희도 다른 사람들의 죄를 용서하라는 것이다.

세 번째 기도는 "다만 악에서 구하옵소서"라고 했다. 우리는 악의 위험성을 잘 모른다. 악은 사탄이 범죄한 인간에게 뿌린 독약이다. 그러므로 정확한 말은 "죄악"이라는 말이다. 이 둘은 서로 뗄 수 없는 관계를 가진다. 죄가 마음으로 짓지만 결국은 악이라고 하는 행동으로 나타나기 때문이다.

주기도문 끝에 "아멘"이란 말이 나오는 것은 무슨 뜻인가? 본래 아멘이라는 말은 "진실로"란 뜻과 "그렇게 되어지이다"라는 두 가지 뜻이 있다. 우리 예수님께서 "진실로, 진실로 너희에게 이르노니"라고 했을 때 사용한 말이 "아멘"이라는 말이다. 그러나 기도에서의 아멘은 "그렇게 되어지이다"라는 간곡함의 표현이다. 다시 말하면 지금 기도한 내용은 나의 간절한 소원입니다. 하나님께서 응답하실 줄로 믿습니다,라는 뜻이다. 사족이지만 기도할 때는 항상 현재형으로 기도하는 것이 좋다. 지금 보면 많은 사람들이 과거형으로 기도한다. 그래서 기도 끝에 "기도했습니다"라고 한다. 그러나 그것은 언어의 뜻을 모르기 때문이다. 예를 들어서 영어로 "I loved you"라고 하면 과거에는 사랑했으나 지금은 아니라는 뜻이다. 따라서 기도는 항상 현재형으로 하는 것이 옳다. 아마도 이런 과거형의 기도는 외국에서 교육받은 많은 사람들이 시제를 잘못 이해한 데서 비롯된 것으로 안다. 헬라어에 보면 "진리는 언제나 현재형"이라고 표현하는 것은 그런 간절함과 계속성을 뜻하기 때문이다.

또 어떤 분들은 기도에서 예수님의 이름으로 기도합니다라고 하는 말을 어떤 마술적 주문으로 생각한다. 그러나 예수님의 이름으로 기도한다고 다 우리가 원하는 대로 되는 것은 아니다. 이것을 바로 알기 위해서 사도행전 19장 13-17절의 말씀을 살펴볼 필요가 있다. 마술사가 아무리 예수님의 이름으로 기도해도 자동적으로 응답되지는 않았다는 것이다. 우리는 크레디트 카드 시대에 살고 있다. 그러나 그것을 사용한다고 물건을 살 수 있는 것은 아니다. 그것이 과연 사용하는 사람의 것인지 확인되어야 한다. 따라서 어떤 사람이 예수님의 이름으로 기도했다고 다 자동적으로 응답되는 것이 아니란 말이다. 예수의 이름으로 기도해도 하나님은 이렇게 묻는다. 과연 너는 예수를 믿는가? 그와의 관계가 바로 되어 있는가 하고 확인하는 것이다. 따라서 "예수의 이름"은 마술적 주문이 결코 아니다.

먼저 우리가 알아야 할 것은 하나님은 아무것도 우리에게 빚진 것이 없기 때문에 우리가 간구하는 것을 하나님께서 다 주어야 할 이유가 없지만, 우리가 예수님의 이름으로 기도하는 것은 예수님의 이름이 "언약적 권위"를 가지기 때문에 예수님을 보고 주신다는 말이다. 다시 말해서 우리는 하나님께 달라고 할 자격이 없지만 예수님으로 말미암아 죄의 용서를 받고 하나님의 자녀가 되었으므로요 1:12 예수님의 이름으로만 즉 그의 권세로만 간구할 수 있다는 말이다. 그래서 요한복음 16장 23-26절에서 왜 우리가 주님의 이름으로 기도해야 하는지 분명히 말씀하고 있다. "내가 진실로, 진실로 너희에게 이르노니 너희가 무엇이든지 아버지께 구하는 것을 내 이름으로 주시리라 지금까지는 너희가 내 이름으로 아무것도 구하지 아니하였으나 구하라 그리하면 받으리니 너희 기쁨이 충만하리라…… 그 날에 너희가 내 이름으로 구할 것이요".

여기서 우리는 성경에서 "이름의 의미"를 알아야 한다. 세상에서 우리는 듣기 좋은 이름, 혹은 족보에 나오는 돌림에 따라 이름을 정했다. 그러나 성경에서의 이름은 그 사람의 본질을 뜻하기 때문에 아주 중요하다. 자기 마음대로 함부로 정할 수도 바꿀 수도 없는 것이다. 즉 이름은 그 사람의 본성을 상징하였다. 예를 들면 야곱이란 이름은 "속이는 자"라는 뜻이기 때문에 좋지 않은 이름이지만 하나님께서 나중에 "이스라엘"이라는 이름으로 개명하기까지는 그대로 써야만 했다. 따라서 예수님의 이름 "구원자"란 뜻에는 그와의 관계가 바로 되어 있을 때만 능력이 나타난다. 따라서 예수님의 이름은 우리와 예수님의 관계가 바로 회복되었을 때만 능력이 나타나고 응답된다. 따라서 예수님의 이름만이 하나님께 합법적 경로이다.

어떻게 기도해야 하는가? 예수님의 기도의 가르침 가운데 마태복음 7장 7-12절에 나오는 삼 단계 기도는 우리들에게 큰 도움이 된다. 기도의 첫 번째 단계는 "구하는 단계"이다. "구하라"Aiteo. 이 구하는 단계는 내 손 안에는 아무것도 없고 내 손으로는 아무것도 할 수 없다는 것을 인정하는 단계이다. 자신의 무능함과 처참한 모습을 "깨닫는 단계"이다. 그때에 우리는 진정으로 구하게 된다. 이때 비로소 하나님의 은혜와 자비가 임한다. 왜 구하는가? 내 손에 아무것도 없기 때문이다. 있어도 부족하기 때문이다. 그런데 문제는 내 손에는 너무도 많은 것이 있고, 자신의 힘으로 할 수 있는 것이 있다고 착각하는 것이다. 그때에는 진심으로 구할 수 없다. 그 간구는 형식적이 되기 쉽다.

기도의 두 번째 단계는 "찾는 단계"이다. "찾으라"Zeteo고 했다. 왜 찾는가? 우리가 본래 가졌던 하나님이 주신 것을 분실했기 때문에 찾고, 우리 손 안에 좋은 것은 없기 때문에 찾는다. 우리가 분실한 것은 무엇인가? 예수 믿을 때 가졌던 처음의 사랑이다. 에베소 교회가 그러했다. 또 믿음이 식었기 때문에 찾는다. 따라서 이 두 번째 단계는 하나님이 주신 것 중에 분실한 것이 있어서 계속해서 "매어달리는 단계"이다.

기도의 세 번째 단계는 "문을 두드리며 기다리는 단계"이다. 하늘에 계신 아버지께서는 모든 것이 다 있음을 믿고 끝까지, 기대하면서 "응답될 때까지 매어달리는 자세"이다. 우리의 기도에서 문제가 무엇인가? 기도한 것을 끝까지 간구하지 않고, 또 기도하고 나서도 큰 기대를 하지 않는 데 있다. 그러나 응답되지 않는 기도란 하나도 없다. 모든 기도는 다 응답된다. 다만 하나님이 원하는 시간에 하나님이 원하는 방법으로 응답될 뿐이다. 여기서 필자는 다음의 말을 소개하고 싶다. "Pray to God for the great things, and expect the great things from God."큰 것을 위해 하나님께 기도하라. 그리고 하나님께서 큰 것을 주실 것을 기대하라. 이것은 인도의 현대 선교의 아버지인 윌리엄 캐리William Carey가 한 유명한 말이다. 그러므로 우리는 기도할 때에 하나님께서 반드시 주실 것을 믿고 기도해야 한다막 11:24. 의심하지 말고 기도해야 한다약 1:6. 가장 중요한 것은 하나님께서는 반드시 주실 것을 믿고, 응답될 때까지 기도하는 것이다. 바울이 빌립보서 4장 13절에서 한 말씀을 기억하라. "내게 능력 주시는 자 안에서 내가 모든 것을 할 수 있느니라." 이 말씀은 주님께 대한 절대적 믿음과 확신의 표현이다.

 (나) 야베스의 기도대상 4:8-10.
 성경에는 수많은 기도의 사람이 있지만 야베스의 기도만큼 유명한 것은 없다. 그것은 브루스 윌킨슨Bruce Wilkinson의 《야베스의 기도》The Prayer of Jabez, 2000가 출판되면서 그의 이름이 기도의 대명사가 되어 전 세계를 휩쓸었기 때문이다.
 그러면 왜 이름을 야베스라고 지었는가? 세 가지 이유가 있다. 첫째는 어머니의 산통을 통해서 낳아주심을 잊지 않도록 하려고 그렇게 이름을 지었다. 둘째는 고통으로 인해 흘린 눈물의 가치를 기억하라고 그렇게 이름을 지었다. 인간의 뇌는 145억 개의 세포로 되어 있고 각 개의 세포는 한 가지씩 정보를 가질 수 있다고 한다. 그러나 인간은 그 정보를 다 사용하지 못하고 죽는다. 셋째는 낳아주신 부모에게 보답하게 하려고 야베스라고 이름을 지은 것이다.

그러면 야베스는 어떤 사람이었는가?

그는 유명인사도 아니고, 업적을 많이 남긴 사람도 아니다. 또 남다른 능력의 사람도 아니었다. 다만 그는 "그의 형제보다 귀중한 자라"9절고 했다. 왜 그를 형제보다 귀중한 자라고 했는가? 첫째는 하나님과의 관계가 바로 되었기 때문이고, 둘째는 성실한 사람이었고, 셋째는 기도의 사람이었기 때문이다. 그렇다. 기도의 사람은 정말 귀중한 사람이다. 왜냐하면 하나님께서 홀로 역사하지 않으시고, 우리의 기도를 통해서 역사하시기 때문이다. 좀 더 구체적으로 말하면 그는 "아하헬 종족"의 조상이었다. 요즘 말로 신앙의 명가를 이룬 것이다. 다음은 그는 "야베스에 살던 서기관대상 2:55 종족"이었다. 따라서 그는 성경에 능통한 집안에 속한 사람이었다. 이처럼 성경에 능통한 사람이 되면 영적 명가를 이루는 것이다. 무엇보다도 그는 "기도의 사람"이었다. 기도는 경건의 보증 수표이다10절. 기도는 하나님의 능력의 손을 움직이는 우리가 할 수 있는 유일한 방법이다. 요한 웨슬레는 1738년 5월의 어느 날 대서양을 건너는 중에 큰 폭풍을 만났다고 한다. 모두들 당황하고 두려워 떠는데 어디선가 배의 밑층에서 조용히 부르는 찬송가 소리가 있어 가서 보니 모라비안들이 몇 명이서 찬송을 부르며 기도하고 있었다. 웨슬레는 이상해서 그들에게 물었다고 한다. "아니 당신들은 이 폭풍이 두렵지도 않습니까?" 그러나 그들은 웃으면서 "하나님께서 살아 계신데 무엇이 두렵습니까?" 이 체험은 나중에 그의 동생인 찰스 웨슬레가 작사한 "비바람이 칠 때"라는 찬송가의 배경이 된다. 여기서 요한 웨슬레는 중생의 체험을 했고 그 후 세계적인 선교사가 되었다. 얼마나 놀라운 일인가? 지금까지는 중생의 체험 없이 선교한다고 다녔으니 말이다. 사실 지금 우리가 진정한 중생의 체험 없이 목사가 되고, 직분자가 되지 않는가? 웨슬레의 진정한 중생의 체험을 통해 선교 운동과 함께 감리교가 역사 속에 탄생한 것이다.

그러면 야베스는 어떤 기도를 했는가? 첫째로 "주께서 내게 복을 주시려거든"10절이라고 했다. 우리말 번역에는 마치 무슨 조건처럼 되어 있으나 원문에 보면 여기서 사용한 동사는 불완전 완료형 동사imperfect이다. 이것은 하나님께 원하시는 것을 달라는 백지수표와 같은 것이다. 모든 것을 하나님께 맡기는 기도이다. 둘째 기도는 "나의 지역을 넓히시고"10절이라고 했는데 옛날 번역에는 "지경"이라는 말로 되어 있다. 이 지경의 확장은 그 사람의 비전과 하나님의 축복의 결합을 의미한다. 김우중 씨의 말대로 "세상은 넓고 할 일은 많다". 그런데 우리는 소라처럼 작은 굴속에 갇혀서 살고 있다. 눈앞에 보이는 것만 본다. 셋째 기도는 "주의 손으로 나를 도우사"10절라고 했다. 하나님의 손은 어떤 손인가? 오른손은 축복의 손이요 왼손은 저주와 심판의 손이다. 하나님께서는 그의 오른손으로 그의 백성들을 인도하시고 보호하시고, 힘을 주신다. 그러므로 세상을 움직이는 것은 바로 기도의 손이다. 그러나 대부분의 사람들은 가정에 얽매이고, 직업에 얽매이고, 목숨과 죄와 사탄에 얽매어 살고 있다. 다섯째로 "내게 근심이 없게 하옵소서"10절라고 기도했다. 우리의 근심은 무엇인가? 대부분은 '혹시' 일어날지도 모르는 일 때문에 근심한다. 그러나 그 일이 일어날 확률은 그렇게 많지 않다. 이런 심리적 영향을 생각해서 시작한 것이 보험회사이다. 영국의 에드워드 로이드는 사람들이 해상에서 배의 침몰을 겪게 될 확률이 아주 적다는 것에 착안하여 1687년에 세계 최초로 해상 보험회사를 세워 거부가 되었다.

그러면 하나님께서는 야베스의 기도를 어떻게 하셨는가? 10절 하반절에 보면 "하나님이 그가 구하는 것을 허락하셨더라"고 했다. 야베스의 기도가 응답된 것이다. 우리가 기억해야 할 것은 우리의 모든 기도는 천사들이 수납하여 하나님께 상달되면 하나님께서 응답하여 주신다. 기억할 것은 모든 기도는 다 응답된다. 필자의 체험으로 응답 안 된 기도는 하나도 없었다. 다만 내가 원하는 것만을 받을 때 그것이 응답이라고 생각할 뿐이다.

그러면 어떻게 하나님께서 응답하시는가? 첫째는 우리가 하나님의 뜻에 따라 기도할 때는 "그래"Yes 하고 응답하신다. 우리가 믿음이 없어 미래에 쓸 것을 미리 구하면 "기다려라 때가 되면 주리라"Wait 하고 응답하신다. 그러나 필자가 체험적으로 발견한 것은 "아니다"No라고 하는 것도 응답이라는 것이다. 왜냐하면 우리의 기도가 우리 자신에게 해로운 것일 경우와 하나님의 뜻과 반대되는 것일 경우 하나님께서는 "안 된다" 하고 응답하시기 때문이다. 따라서 기도는 다 응답되지만 하나님의 시간에 따라, 하나님이 원하시는 방법으로 응답하신다. 그러므로 기도할 때 우리는 이것을 잊지 말아야 한다. 그러면 기도가 응답되는 참 영적 기쁨이 충만하게 될 것이다.

(다) 기도의 방법으로는 열 단계가 있다

첫 번째는 먼저 주변의 시끄러운 분위기를 정리해야 한다. 왜냐하면 골방기도만큼 집중되는 기도도 없고, 응답이 잘 되는 기도도 없기 때문이다.

아주 급한 때는 어쩔 수 없지만 정규적인 기도를 위해서는 조용히 하나님과 독대할 수 있는 골방을 찾아야 한다. 왜냐하면 골방에서의 기도만큼 간절한 기도는 없기 때문이다.

두 번째는 하나님께 경배와 찬양으로 시작해야 한다마 6:9; 시 95:6; 대상 29:11-13. 영어로 사도행전을 ACTS라고 하는데 그 말은 기도의 내용을 잘 요약해 주고 있다. 즉 ADORATION경배와 찬양, CONFESSION회개, THANKSGIVING감사, SUPPLICATION간구의 순서로 기도한다. 여기서 중요한 것은 기도의 시작은 경배와 찬양이라는 점이다.

세 번째는 죄를 고백해야 한다시 66:18-19; 잠 28:13. 우리의 기도를 가로막는 담은 우리의 죄이기 때문이다. 그러므로 깨끗한 마음과 입으로 기도해야 하는데 그것은 바로 회개뿐 다른 방법은 없다.

네 번째는 감사의 기도를 해야 한다빌 4:6-7. 하나님이 가장 기뻐하는 것은 우리의 감사의 기도이다. 감사를 통해 하나님께서는 영광을 받으시기 때문이다. 인간은 관계적 존재이다. 관계는 상대방을 이해하고 사랑할 때 아름답게 이루어진다. 그때에 중요한 것이 감사하는 자세이다. 감사를 마음으로만 하는 것은 부족하다. 반드시 그 감사를 표현해야 한다. 말로 표현하고, 글로 표현하고, 물질로 표현하고, 생활로 표현하면 서로의 관계는 좋아진다.

다섯 번째는 우리의 필요를 간구한다. 우리의 필요를 따라 구체적으로 하나님께 간구하면 하나님께서는 절대로 외면하지 않으신다. 주기도에서도 날마다 일용할 양식을 구하라 하지 않았던가? 기도하는 유형을 보면 어떤 사람은 물질만 구하고, 또 어떤 사람들은 영적인 것만 구한다. 둘 다 부족하다. 기도는 영적인 것은 물론 물질적인 것까지 구하는 것이 바른 기도이다. 그런데 지성인들은 흔히 영적인 것만 구하고, 배움이 부족한 사람들은 물질적인 것만 구하는 경우가 많다. 왜 지성인들이 영적인 것만 구하는가? 그것은 응답된다는 확신이 없기 때문이다. 비지성인들이 물질만 간구하는 것은 자신의 욕심 때문이다. 그러므로 우리는 기도할 때에 주님이 가르쳐주신 대로 영적인 것과 물질적인 것을 다 간구하는 것이 성경적이다.

여섯 번째는 하나님과 그의 약속을 전적으로 믿고 기도해야 한다막 11:23-24. 하나님과 우리를 연결시키는 전화선은 믿음과 기도이다. 이 핫라인Hot Line을 하나님께서는 늘 열어 두시고 어떤 바쁜 일이 계셔도 우리의 간구를 들으시기 때문이다. 그래서 주님은 "기도하고 구한 것은 받은 줄로 믿으라 그리하면 너희에게 그대로 되리라"막 11:24고 하시지 않았던가?

일곱 번째는 구체적으로 기도하는 것이다. 우리는 추상적으로 기도할 때가 너무 많다. 예를 들어 보자. 약국에 가서 '약을 주세요' 하면 약사는 되물을 것이다. '어떤 약을 드릴까요'. '아, 글쎄 약을 달라니까요'. 그때 약사는 그 많은 약 중에서 고객이 무엇을 원하는지 모르기 때문에 망설일 수밖에 없을 것이다. 그러므로 우리의 기도도 구체적이어야 한다. 물론 우리가 "내 죄를 용서해 주세요"라고 해도 하나님은 다 알고 계신다. 그러나 추상적으로, 대략적으로 하는 기도는 진실한 기도가 아니기 때문에 응답을 기대해서는 안 된다. 따라서 기도는 항상 구체적이어야 한다.

여덟 번째는 기도하고 구한 것은 응답되었다고 굳게 믿어야 한다막 11:24. 주님은 예루살렘에 들어가셨을 때에 제자들에게 이렇게 말씀하셨다. "그러므로 내가 너희에게 말하노니 무엇이든지 기도하고 구하는 것은 받은 줄로 믿으라 그리하면 너희에게 그대로 되리라"막 11:24. 필자는 믿음이 부족해서인지 어떤 때는 기도하고 나서 정말 그것이 응답될까 하고 의심할 때도 있었다. 그러나 그런 나를 하나님께서는 한 번도 거절하지 않고, 내가 잘못 구했을 때에는 더 좋은 것으로 응답하셨다.

아홉 번째는 기도의 응답을 대망해야 한다. 많은 사람들은 기도를 하고 그냥 잊고, 그것으로 끝난다. 기도 응답을 간절히 기다리지 않는다. 그래서 우리는 기도할 때에 하나님께서 주실 것을 믿고 그것을 대망해야 한다. 문제는 기도하고 잊고 말기 때문에 하나님께서 응답해 주셔도 기도가 응답이 되었는지 안 되었는지 모른다. 기대하지 않기 때문이다. 위에서도 인용했지만 인도 선교의 아버지 윌리암 캐리는 "하나님께 큰 것을 기도하라. 그리고 하나님께서 그 큰 것을 주실 것을 기대하라"고 했다. 기대하지 않는 기도는 믿음으로 기도하지 않는 것이기 때문이다.

열 번째는 믿음의 생활을 실천하면서 기도해야 한다.
기도의 궁극적 목적은 하나님과 만나서 교통하며 예수님이 걸어가셨던 발자취를 따라 이 세상에서 하나님의 사랑을 실천하고, 믿지 않는 사람들에게 전도하며 갈등과 거짓과 불의와 전쟁이 많은 이 세상에 참 평화와 사랑이 넘치도록 섬기며 사는 것이다. 그것이 믿음생활의 궁극적 목적이기 때문에 우리는 실천하면서 기도해야 한다. 왜냐하면 기도의 궁극적 목적은 예수님을 닮아가고, 그가 걸어가신 길을 따라가는 것이기 때문이다.

(라) 기도를 방해하는 것은 무엇인가? 말 3:7-9; 삼상 15:2-23; 수 1:8; 시 66:18.

기도는 영적 전쟁에서 가장 중요한 무기이기 때문에 사탄은 여러 가지 방법으로 우리의 기도를 방해한다. 갑자기 급한 전화가 오기도 하고, 손님이 와서 방해하기도 한다. 주변의 환경을 통해서도 방해하고, 마음의 근심으로 인해 방해하기도 한다. 그러면 무엇이 우리의 기도를 방해하는가?

첫 번째는 우리의 죄이다. 약 1:21; 사 59:2; 요 3:22; 요일 2:1; 대하 7:14. 죄는 하나님과 우리 사이뿐만 아니라 나와 다른 사람들의 관계도 담을 쌓게 하고 좋은 관계를 무너뜨린다. 죄는 악과는 다르다. 죄의 결과가 악인 것이다. 죄는 사탄이 가장 애호하는 무기이다. 그것을 통해서 우리들을 조종하고, 끌어당기고 괴롭게 만든다. 인간의 불행은 바로 사탄이 던진 먹이인 죄의 결과이다. 죄를 지으면 죄의 종이 되고, 마침내는 불행하게 살다가 지옥으로 인도된다. 그러므로 우리는 죄를 무서워해야 한다.

두 번째는 마음속에 있는 두려움이다. 요 4:18; 요일 4:18; 롬 5:8; 딤후 1:7. 왜냐하면 두려움은 하나님을 피하게 만들고, 관계적 존재인 인간의 모든 관계를 무너뜨리기 때문이다. 하나님께서 우리가 우리 자신을 사랑하는 것보다 더 우리를 사랑하심을 믿고 기도해야 한다. 왜냐하면 하나님은 우리를 창조하셨을 뿐 아니라 우리를 눈동자같이 사랑하는 아버지이시기 때문이다.

세 번째는 우리가 가진 죄책감이다롬 8:1-2; 히 7:19, 8:12, 10:14, 16-22. 죄책감을 가지면 더 기도하고 매어달려야 하는데 실제로는 기도를 더 멀리하게 된다. 왜냐하면 죄책감을 가지는 것은 용서를 기뻐하시는 하나님을 확신하지 않기 때문이다. 어떻게 보면 죄책감을 당연한 것이라고 생각할 수 있다. 그러나 그것은 주님의 십자가의 능력을 믿기 않기 때문이다.

네 번째는 기도에 대한 의심이다약 1:5-8. 전에도 기도했지만 이루어주지 않으셨으니 이번에도 응답되지 않을 거야 하고 우리는 의심하기 쉽다. 그러나 그 의심은 사탄이 우리를 유혹하기 위해서 마음에 불어넣은 독소이다. 솔직히 필자도 기도가 응답되지 않아서 괴로워하고 의심한 적이 있었지만, 기도가 즉시 응답되지 않았을 뿐 정말 필요할 때 하나님께서는 반드시 응답해 주셨다. 또 이런 의심은 우리의 기도가 너무 비빔밥처럼 많은 것이 섞여 있어서 우리가 기억을 못해 그런 것임을 깨닫고, 기도의 노트를 만들어 기도를 해 보았다. 단 한 번도 하나님께서는 응답 안 한 적이 없으시다는 것을 깨달았다.

다섯 번째는 잘못된 동기를 가질 때 기도는 방해를 받는다. 기도는 나의 뜻을 구하기도 하지만 그 기도의 중심은 내가 아니라 하나님이란 것을 잊지 말아야 한다. 내가 기도의 중심이 되기 때문에 욕심으로 구하게 되는 것이다. 내 뜻이 아니라 하나님의 뜻이 성취되는 것이 기도의 진정한 목적이다. 그러기에 예수님께서는 감람산에서 기도할 때에도 "아버지여 만일 할 만하시거든 이 잔을 내게서 지나가게 하옵소서 그러나 나의 원대로 마시옵고 아버지의 원대로 하옵소서"마 26:39라고 기도했다. 그것은 포기의 기도였다. 기도의 중심이 주님이 아니라 만유의 주이신 하나님 아버지였기 때문에 주님은 그렇게 기도한 것이다.

여섯 번째는 마음에 품은 원한이다시 66:18; 엡 4:31-32; 히 12:15. 살다 보면 다른 사람들과 서로 뜻이 다를 때도 있고, 상처를 받을 때도 있다. 그러나 그 사람도 나의 형제이고, 가족이란 것을 기억하면 우리는 원한을 버리고 기도할 수 있다. 필자가 충현교회에서 억울하게 쫓겨났을 때 모함을 주도했던 사람들을 용서할 수가 없었다. 그 원한은 마음에서 잊혀지지 않았다. 그 후 나의 기도는 겉돌기만 했다. 그러나 하나님께서 더 좋은 방법으로 원수를 갚아주시는 것을 보면서 비로소 용서하게 되었고, 기도할 때 깔끔하게 정리되었다.

일곱 번째는 남들을 용서치 않는 것이다막 11:25.

나에게 해를 끼치거나 미운 사람이 있을 때 사람은 누구나 마음에 담아두고 용서치 않을 수 있다. 그러나 남을 용서치 않고 기도하면 그때 우리 귀에 이런 소리가 들린다. "너희가 사람의 잘못을 용서하지 아니하면 너희 아버지께서도 너희 잘못을 용서하지 아니하시리라"마 6:15. 물론 이 말씀은 주님께서 하신 말씀이다. 그러나 필자가 체험한 것은 주님은 우리가 남의 잘못을 용서하시기를 원하지만 그것을 조건으로 내거는 것은 아니란 사실이다. 오히려 사탄 마귀가 이 말씀을 가지고 우리에게 하나님의 사랑과 기도의 응답을 의심케 만든다는 것이다. 물론 우리가 남의 잘못을 용서하면 하나님께서는 기뻐하신다. 그러나 용서하지 못할 때에도 하나님은 우리를 용서하시면서 왜 너는 마음이 그렇게 좁냐? 좀 더 마음을 넓게 해서 하나님의 뜻을 따를 수는 없니? 나는 너를 더 크게 쓰고 싶은데 네 마음이 너무 좁으니 내 마음이 슬프구나 하시는 음성을 들려주시기도 한다.

여덟 번째는 잘못된 가족관계이다마 5:23-24.

우리의 전통에도 "가화만사성"이라는 말이 있지만 가족관계가 잘못되면 모든 일이 흩어진다. 마음도 흩어지고, 생각도 흩어지고, 그래서 모든 일들이 꼬인다. 가족은 바로 우리의 큰 손의 일부이기 때문에 가족관계가 잘못되면 마치 영적 장애인처럼 되어 공적인 일을 잘 할 수가 없다. 그러므로 성도들은 가족관계를 바로 가져야 한다.

아홉 번째는 우상숭배이다겔 14:3; 신 6:5.
눈에 보이는 형상의 우상숭배도 문제이지만 더 무서운 것은 황금만능주의 같은 눈에는 보이지 않지만 우리 마음속에 있는 것이 더 무서운 우상이다. 우상이란 하나님보다 더 사랑하는 어떤 것이다. 때로는 가족이 우상이 될 수도 있고, 심지어 자기 자신이 우상이 될 수도 있다. 사실 하나님보다 더 사랑하는 것은 다 우상숭배이다.

열 번째는 타인에게 원한을 샀을 때 우리의 기도는 응답되지 않는다잠 21:13. 남들에게 원한을 샀지만 그것을 전혀 모를 수도 있다. 필자는 한 번도 만나보지 못한 사람들에게서 욕을 먹었을 때 처음에는 이해가 되지 않았다. 그러나 그것이 우리의 인간사회이다. 그렇기 때문에 기도할 때마다 오늘 하루 동안 남들에게 원한을 산 일이 없는지 늘 살피면서 기도해야 한다. 무의식적으로 짓는 잘못도 있기 때문이다. 괜히 잘못된 소문만 듣고 나를 미워하는 사람도 의외로 많다.

(마) 하나님이 기뻐하시는 기도는 어떤 기도인가?
신자라면 누구나 한번쯤 어떻게 기도하는 것이 하나님이

기뻐하시는 기도인가 하고 고민한 적이 있었을 것이다. 존 번연은 '말보다 깊은 신음이 가장 좋은 기도가 될 수 있다'고 했는데 그것은 기도에는 내용이나 양보다 진심으로 드리는 간절한 기도, 속에서 터져 나오는 기도가 중요하다는 뜻일 것이다. 이런 기도는 사람들이 듣기에 그것이 무슨 기도인가 할지 모르지만, 하나님께서 그 마음을 헤아리기 때문에 가장 중요한 것은 마음이다. 그래서 아담 클라크는 '기도는 말보다 마음으로 해야 한다'고 했다. 그러나 우리는 하나님께 드리는 기도보다는 사람들에게 듣기 좋은 기도, 성경에 나오는 미사여구를 인용하며 드리는 기도를 좋은 기도라고 생각할 때가 있다. 그러나 그것은 기도가 무엇인지 모르기 때문이다. 그러면 어떤 기도를 해야 하는가?

첫째로 하나님이 주도권을 가지는 기도이다. 기도의 신학에서 중요한 것은 우리의 기도는 그리스도와 연합되어 있다는 사실과 함께 시작된다는 점이다. 그래서 시나이의 그레고리는 기도는 세례라고 표현했다. 왜냐하면 세례는 그리스도를 믿는다는 외적 표시이듯이 기도는 예수를 믿는 사람의 표시가 되기 때문이다. 기도는 우리가 그리스도의 몸 안에 거하고, 그 몸 안에서 그리스도의 삶과 그의 말씀을 공유하고 있다는 표현이다. 어떻게 보면 기도는 말씀에 대한 인간의 반응이다. 따라서 기도에서 중요한 것은 우리가 "말하는 자"가 아니라 "듣는 자"라는 점이다. 이것을 우리가 종종 잊기 때문에 우리는 기도를 많이 하지만 사실은 기도를 거의 하지 않는 모순에 빠지고 있다. 따라서 기도에서는 하나님이 주도권을 가져야 하고, 우리는 그것에 대해 반응하는 것이다. 관상기도에서 중요한 것은 관상기도는 말씀이 우리에게 임하는 것을 인식함으로 시작된다. 인간에게 입이 하나인데 반해서 귀가 둘이나 되는 것은 말씀을 듣도록 창조되었음을 말해준다. 따라서 우리는 응답함으로써만 인간으로서의 존엄성을 갖게 된다. 따라서 카운슬링에서 말하는 것보다 듣는 것이 더 중요한 것처럼 기도도 말하는 것보다 듣는 것이 더 중요하다.

둘째로 기도에서 중요한 것은 우리 자신을 넘어서는 기도여야 한다는 점이다. 그런 점에서 기도란 "자아를 허무는 과정"이라고 할 수 있다. 자아의 성곽이 무너질 때, 비로소 우리의 비전이 확장된다. 따라서 기도는 우리를 올바르게 세워준다.

셋째로 기도를 통해 모든 것을 다 영적으로 만들어 가야한다. 사실 기도 없이는 세상에서의 모든 것이 다 따분하고, 고역이 되고 고통이 된다. 그러나 기도하면 모든 것이 즐거워지고, 우리는 행복해진다. 오늘날 우리가 사는 세계는 시장경제가 중심을 이룬다. 시장경제에서는 이익과 생산성에 의해 모든 것이 좌우된다. 그것이 표준이기 때문이다. 그러나 기도를 하면 이런 가치관이 무너진다. 기도를 통해서 이

기적인 자신이 변하고 하나님을 기쁨으로 섬기게 된다. 그러므로 기도는 "하나님의 일"이다. 우리가 손으로 하는 노동이 기도를 통해서 점차적으로 성화되기 때문이다.

기도가 삼위일체적 성격을 띠는 것은 기도가 세 가지 움직임을 가지기 때문이다. 이것은 리차드 J. 포스터가 그의 책 《기도》도서출판 두란노에서 자세히 밝히고 있다. 그는 기도는 세 가지 움직임이 있어야 하는데 첫째는 안으로의 움직임the movement inward으로 그것은 성자 예수님께 드리는 기도라고 했다. 둘째는 위로 향하는 움직임the movement upward으로 성부 하나님께 드리는 기도라고 했다. 셋째는 밖으로 향하는 움직임the movement outward으로서 성령 하나님께 드리는 기도라고 했다. 이것은 우리의 기도의 다양성을 지적해 주는 말이다.

왜 우리는 기도하는가? 성 어거스틴은 우리가 하나님을 사랑하기 때문이며 그 사랑의 표현이 바로 기도라고 했다. 마치 우리가 어떤 사람을 사랑하면 대화를 하고, 가까우면 가까울수록 그 대화가 더욱 깊어지듯이 기도도 삼위일체 하나님께 대한 사랑에 비례하여 하게 된다. 따라서 우리가 기도를 많이 하면 많이 할수록 더욱 하나님을 사랑하게 된다. 그러나 기도를 하지 않으면 그 사람은 이미 하나님께 대한 사랑이 식었거나 하나님을 사랑하지 않는 것이다.

지금 하나님의 마음은 우리에 대한 상처로 인해 벌어져 있다. 그 상처는 우리가 기도를 하지 않음으로써 하나님과의 관계가 깊이 벌어지고 있기 때문이다. 하나님은 우리를 그의 거실과 주방, 작업장으로 심지어 그의 침실로 초대하고 계신다. 그런데 우리의 본향인 하나님의 마음을 여는 열쇠는 오직 기도 외에는 없기 때문에 기도는 믿는 자들에게는 절대적이며 필수적이다.

우리의 본향인 하나님의 마음을 여는 열쇠가 기도라면 그 문은 예수 그리스도이시다. 하나님께서는 우리가 목이 곧고, 마음이 굳은 것을 아시고 그의 마음으로 들어가는 한 통로를 예비하여 제공하고 계신다. 그것이 바로 예수 그리스도이시다. 이제 우리는 우리의 죄로 인해 하나님 앞에서 추방당한 채 세상밖에서 방황할 필요가 없게 되었다. 우리를 위해 이 땅에 오셔서 어두움의 권세와 사탄을 물리치시고, 승리의 부활을 하신 예수님을 통해 하나님께 나아가는 길이 활짝 열렸기 때문이다. 기도는 하나님께 대한 우리의 사랑이다. 따라서 기도를 잘하는 것은 바로 하나님께 대한 사랑을 잘하는 것이다. 그래서 포스터는 사랑을 잘하는 사람이 기도도 잘한다고 했다.

위에서 기도는 먼저 "안으로 향하는 움직임"이라고 했는데 이 움직임 없이는 내적 변화가 없게 된다. 안으로 향하는 움직임은 단순한 기도에서 시작된다. 그런데 이 기도를 막는 장애물들이 많이 있다. 첫째로 기도에 대한 것을 먼저 알아야 한다는 오해 때문이다. 기도는 그냥 시작하는 것이다. 배워서 하는 것이 아니다. 그러나 그것은 기도를 배우지 말라는 말이 아니다. 아기가 태어나서 먼저 말을 배워서 그의 뜻을 전달하는 것이 아니라 처음에는 그냥 울어대는 것에서 시작한다. 배우는 것은 나중의 일이다. 그러면 엄마는 그 아이의 뜻을 헤아려 젖을 물려주고, 기저귀를 갈아주고 안아준다. 그러는 동안 아이는 점차적으로 말을 배우고 엄마와 사랑의 대화를 하게 된다.

기도도 마찬가지다. 기도는 단순한 것이다. 그냥 하나님 앞에서 "아바"Abba라고 부르면서 울면 된다. 잘했나 못했나 따질 필요가 없다. 그러다 보면 잘못된 기도일 경우는 스스로 깨달아져서 기도가 수정되기 때문이다. "아바"라는 말은 예수님께서 많이 사용하셨던 아버지에 대한 애칭이다. 아버지라고 부르지 않고 "아바"우리말로는 "아빠"라고 불렀다. 다시 말해 기도는 우리가 아기가 되어 하나님과 대화하는 것과 같다. 그 기도가 순수한가, 하나님이 기뻐하시는 기도인가 하고 연구한 후에 하는 것이 아니다. 그냥 하는 것이 기도이다. 그것이 가장 단순한 기도이고, 이 기도를 하다 보면 하나님과 더욱 친밀해지고, 마침내는 어떻게 기도해야 하는지 자연스럽게 알게 된다.

그러면 단순한 기도는 어떤 기도인가?

단순한 기도는 있는 그대로 하는 기도이다. 따라서 단순한 기도는 그 초점이 하나님께 있지 않고 우리 자신에게 있다. 우리의 필요와 욕구와 관심이 우리를 지배한다. 하지만 염려할 필요가 없다. 다시 시작하면 되고 그러다 보면 방법을 배우기 때문이다. 단순한 기도에는 좋은 것, 나쁜 것, 흉한 것 모든 것이 섞여 있다. 그러기에 단순한 기도는 초보적 기도이다. 그것은 어린아이들의 기도이지만 계속해서 우리는 그 기도를 두려워 말고 해야 한다.

그러면 이 단순한 기도는 어떻게 드리며 어디서 드려야 하는가? 대답은 아주 간단하다. "지금 있는 그곳에서 시작하면 된다". 우리는 기도에서 하나님께 불평도 하고, 따지기도 하고, 외치기도 할 것이다. 예레미야 선지자도 그렇게 기도했다렘 20:7. 그래서 C. S. 루이스는 우리 안에 있는 그것을 하나님 앞에 "그냥 내려놓으라"고 권한다.

이 단순한 기도에서 중요한 것은 무엇인가?

그것은 첫째로 삼위일체 하나님과의 사랑이 지속적으로 성장해야 한다는 점이다. 둘째로 자신의 기도가 부족하다고 해서 낙심하지 말고 계속 기도해야 한다. 셋째는 좋은 기도 하려고 애쓰지 말고, 그저 일상적인 기도에 힘쓰면 된다는 점이다. 물론 기도할 때 처음에는 자기중심적인 기도를 할 것이다. 그러나 그 기도를 계속하다 보면 코페르니쿠스적인 변화가 일어난다. 처음에는 자기중심적인 기도와 하나님을 변두리에 놓는 기도를 한다. 그러나 기도를 계속하는 동안 하나님이 우리의 기도의 중심이 되는 변화가 일어난다. 끝으로 기도에서 중요한 것은 믿고 조용히 기다리는 인내의 법을 배우는 일이다. 그 어떤 위대한 신자도 처음에는 다 이런 단순한 자기중심적 기도를 했기 때문이다. 그러나 오랜 세월 기도하다 보면 조금씩 변화가 일어난다. 그것이 바로 코페르니쿠스적 변화이다.

기도에서의 성장을 통해서 영성 개발을 하도록 목표를 두어야 한다. 왜냐하면 하나님께서 원하시는 것은 우리가 영적으로 성장하는 것이기 때문이다. 우리 부모들의 자식에 대한 바람과 마찬가지이다.

하나님과의 친밀감은 기도자의 특징이며 열매이다. 기도하면 하나님의 자녀임을 의식하게 되고, 본능적으로 "아빠 아버지여"롬 8:15-16라고 부르짖게 한다. 따라서 기도는 소생시키는 선물이며 은사이다. 오순절 교회는 성령세례에 방언의 표적이 뒤따른다고 가르친다. 오순절 교회는 기도생활이 하나님께 대한 의심 없는 신뢰와 전적인 포기로서 아버지 앞에 오는 아이의 친밀함을 시작할 수 있다고 가르친다. 그러나 오랜 결혼생활을 한 사람이라 하여 개인적 관계가 깊은 것이 아니듯이 기도도 그렇다. 오래 믿은 사람 중에 중언부언하는 형식적 기도를 하는 경우가 많은 것은 믿음의 세월이 신앙의 성장을 말하는 것은 아니기 때문이다. 부부간의 친밀함이 가면을 벗을 때 오듯이 기도도 그렇다. 따라서 양파 껍질 같은 가면을 하나씩 벗기는 것이 기도이다. 기도생활이 성장하려면 자기의 이익을 구하는 청원기도에서 하나님을 향한 찬양과 감사의 기도로 변해야 한다. 방언기도를 하는 사람들은 그 체험을 하게 된다. 결혼생활에서 최초의 기쁨이 완전한 기쁨이 아니듯 기도도 그렇다. 결혼생활에서 최초의 기쁨이 완전한 기쁨으로 변화되는 것은 자발적인 눈물에서 온다. 갑자기 내리는 소나기는 결코 가뭄을 해결하지 못하듯 기도도 그렇다. 왜냐하면 하나님은 침묵하시기를 좋아하시기 때문이다. 이것을 깨닫지 못하고는 기도에서 성공할 수 없다. 기도하다가 중지하게 되는 경우가 많기 때문이다.

밤에는 감각의 밤이 있고 영의 밤이 있다. 감각의 밤에는 영혼이 너무 건조함을 느낀다. 감각의 밤은 묵상기도와 마음의 기도를 통해서만 극복할 수 있다. 기도에서 먼저 배워야 할 것은 인내하면서 모든 가면을 벗고 하나님을 기다리는 일이다. 하나님께서 말씀하시기까지 기다리는 것이다. 그러려면 먼저 우리의 가면을 벗어야 한다. 가면 중에서 가장 일반적인 것은 우리가 입고 다니는 계급장 옷이다. 하나님 앞에서도 세상 옷으로 가리고, 이것저것 화장을 하는 것이 기도할 때의 문제이다. 그러나 사랑하는 부부간에는 옷을 벗는 것을 부끄러워하지 않는다. 하나님 앞에서도 마찬가지이다. 아담과 하와처럼 무화과나무 잎으로 가릴 필요가 없다. 내 모습 그대로 가면 된다.

규칙적인 기도를 통해서 영성 개발을 할 수 있다.
우리의 기도에서 중요한 것은 시간이 있을 때 깊이 기도하겠다는 변명을 버리는 일이다. 따라서 기도는 규칙적으로 하는 것이 가장 좋다. 물론 때로는 형식적일 수도 있다. 그러나 오랫동안 기도하다 보면 하나님께서 우리를 위해 준비해 놓고 기다리는 것을 체험하게 된다. 마치 우리가 주일에 비가 오나 눈이 오나 항상 주일을 성수하는 것과도 같다. 물론 하나님께서는 항상 우리들에게 은혜를 주신다. 그러나 놀라운 것은 주일에 더 많은 것을 주신다. 기도도 마찬가지로, 때로는 억지로 하기도 하지만 정해 놓은 시간에 기도하다 보면 먼저 우리를 위해 준비하고 기다리는 하나님을 만나게 된다. 그것이 규칙적인 기도의 장점이다.
스펄전은 이렇게 말했다. "기도하고 싶을 때는 기도를 해야 한다. 왜냐하면 아주 좋은 기회를 소홀히 여기는 것은 죄악이기 때문이다. 기도하고 싶지 않을 때에도 기도해야 한다. 왜냐하면 침체 상태에서 그대로 머물러 있는 것은 아주 위험하기 때문이다".

그런데 기도를 하는 사람이 경험하는 것 중의 하나는 모래시계를 보는 체험이다. 몇 시간 기도했지만 나중에는 얻은 것도 없이 텅 빈 모래시계를 보는 것과 같은 체험을 종종 하게 된다. 이것을 극복하지 못하면 우리는 기도의 초보단계에 머물고 만다. 기도가 우리의 목적지에 데려다 주는 것이 아님을 깨달아야 규칙적인 기도를 할 수 있다. 기도는 나의 목적을 이루는 것이 아니기 때문이다. 물론 기도는 자기중심적인 청원기도에서 시작한다. 어린애들이 자기가 원하는 것을 울면서 표현하듯이 말이다. 그러나 아이들이 크게 되면 자신의 뜻을 말로 전달한다. 기도도 마찬가지다. 처음에는 기도가 무엇인지도 모르고 그저 달라고만 하지만 좀 크면 대화를 통해 자신의 뜻을 접기도 하듯이 기도도 그렇다. 물에 빠진 사람만큼 기도를 진실되게 하는 사람은 없다고 생각한다. 물에 빠진 사람은 수식어도 없고, 형용사도 없다. 그저 "살려주세요" 하면서 간단한 동사만 늘어놓는다. 지금 우리의 기도는 어떤 수준인가? 수식어가 너무 많다고 생각하지 않는가? 너무 길다고 생각하지 않는가? 너무 미사여구로 꾸미고 있지는 않는가? 기도하고 나서 무엇을 기도했는지 기억도 못하는 것은 아닌가? 우리는 중언부언 기도하는 것과 반복적인 기도를 혼동할 때가 많다. 주님의 기도를 연구해 보면 아주 짧고 단순하다. 감람산 위에서의 기도를 보라. 그 오랜 시간 기도했지만 내용은 한가지였다. 자신의 소원은 십자가를 지지 않는 것이지만 그러나 아버지의 뜻에 순종하겠다는 내용으로 끝난다. 주님은 아버지 하나님에게 응답받기까지 같은 기도를 반복했다. 그러나 제자들이 잠들 때까지 같은 기도를 반복했지만 아버지 하나님의 뜻을 확신하게 되었을 때에 주님은 무엇이라고 기도했을까? 성경에는 없지만 십자가를 감당할 수 있는 힘을 달라고 기도했을 것이다. 그러나 십자가를 지는 순간 하나님은 아들 예수님을 그냥 내동댕이치듯 내버려 두셨다. 그래서 주님은 "나의 하나님, 어찌하여 나를 버리셨나이까"마 27:46 하고 부르짖었던 것이다. 그러나 그것은 예수님의 불평이 아니었다. 전적으로 의지하는 아버지께 부르짖는 아이와 같은 부르짖음이었다. 그 순간 예수님은 아버지 하나님의 뜻을 깨달았고 그 뜻에 순종했다. 인류의 죄를 대속하는 것이 그렇게도 어렵고, 무거웠던 것이다.

영성 개발을 위해서는 기도할 때에 항상 하나님에게 초점을 두어야 한다. 반복해서 말하지만 우리가 중심이 아니라 하나님이 중심이 되시기 때문이다.

모든 사람은 기도할 때 처음에는 다 아기들처럼 자기중심적인 단순한 기도를 하지만 거기에 머물면 깊은 기도를 하지 못한다. 위에서도 언급했지만 기도는 리차드 포스터가 말했듯이 세 방향으로 움직여야 한다. 먼저 "안으로 향하는 움직임"인데 그것은 바로 예수님의 사역이다. 자신의 내면을 향하여 기도하는 것이다. 이것은 바로 성찰의 기도이다. 단순한 기도에서 더 깊이 들어가는 것이다. 성찰의 기도의 전통적 방법은 영적 일지를 쓰는 것이다. 어거스틴의 참회록으로부터 현대에 이르기까지 많은 사람들이 영적 일지를 쓰지만 그것만이 옳다고 할 수는 없다. 왜냐하면 하나님의 은혜의 수단은 결코 받아 적을 수 없는 것이 많이 있기 때문이다. 루터는 십계명과 주기도문을 규칙적으로 묵상하는 것을 권장했다.

기도에서 회개Metanoia란 깨어지는 마음과 통회하는 마음을 말한다. 그리고 내적인 경건한 슬픔을 의미한다. 진심으로 뉘우치는 것을 말하기도 한다. 다른 말로 말해서 눈물의 기도이다. 회개란 "마음을 찢는 것"을 말한다행 2:37. 그것은 세상의 죄와 우리의 죄를 슬퍼하는 것이다. 그것은 죄에 대하여 자유하게 되는 과정이다. 그 순간 우리는 죄의 사유하심을 체험한다미 7:18. 진정한 눈물은 사유하시는 은혜를 받게 한다욥 1:20. 시편을 보면 매 장마다 기자의 눈물로 적셔 있는 것을 본다. 그래서 다윗은 시편 6편 6절에서 이렇게 기도했다. "내가 탄식함으로 피곤하여 밤마다 눈물로 내 침상을 띄우며 내 요를 적시나이다".

그러면 이 눈물의 은사는 무엇인가?

그것은 마음속의 큰 기쁨이다. 통회의 눈물은 아무리 굳은 마음이라 해도 다 부드럽게 만든다. 그래서 시편 126편 5절에서 "눈물을 흘리며 씨를 뿌리는 자는 기쁨으로 거두리로다"고 했다. 인간의 두려움은 눈물을 만들어 내고 눈물의 기도는 기쁨을 만들어 낸다. 그리고 기쁨은 힘을 가져오고 그 힘을 통해서 범사에 열매를 맺게 한다. 다시 말해서 통회의 결과는 축복이다.

눈물의 기도의 밑바닥에 깔려 있는 것은 눈물이 지성에서 감성으로 내려오게 하는 하나님의 방법이란 점이다. 그러면 이 눈물은 왜 나오는 것일까? 눈물을 가능케 하는 것은 다름 아닌 예수 그리스도의 십자가이다. 주님의 피 흘리심으로 모든 죄와 악을 다 짊어지신 주님의 사랑에 대한 감격이 온다. 그러나 좀 더 정확하게 말하면 회개는 하나님의 선물이다. 눈물은 첫째 하나님께 구함으로, 둘째는 죄를 자백함으로, 셋째는 값없이 주시는 은혜를 받을 때, 넷째로 순종할 때 온다. 그래서 성경은 애통하는 자는 복이 있다마 5:4고 했다. 죄의 불꽃이 아무리 강해도 눈물 앞에서는 맥을 추지 못한다. 그것은 눈물은 허무의 용광로를 끄며 죄의 상처를 깨끗하게 씻어주기 때문이다.

다음으로 기도에서 필요한 것은 포기의 기도이다.

이것을 이용규 선교사는 그의 《내려놓음》, 《더 내려놓음》이란 책에서 내려놓는 것으로 표현했다. 그러나 포기는 내려놓는 것 이상의 행위이다. 내려놓은 것은 필요하면 또 자기에게로 가져오기 때문이다. 그러므로 완전히 포기하지 않는 한 내려놓는 것만으로는 큰 의미가 없다. 물론 이용규 선교사는 그런 뜻으로 말했을 것이다. 찬송가의 가사처럼 "천부여 의지 없어서 손들고 옵니다"란 자세로.

　예수님께서 겟세마네 동산에서 기도한 것은 아들로서의 영광이나 권위는 다 포기하는 그런 기도였다. 하나님의 뜻이 이루어지이다라는 기도였다. 일반적인 우리의 기도는 내 뜻이 이루어지이다이지만 주님은 하나님의 뜻이 이루어지기를 기도했다. 그것은 자신의 능력을 부인하는 기도이며 단념과 포기의 기도이다. 주님께서 겟세마네 동산에서 기도할 때 그의 마음에는 갈등이 있었다. 사실 갈등은 포기 기도의 필연적 요소이다. 간단히 선택하거나 재빨리 결정할 문제가 아니기 때문이다. 바울이 말한 대로 우리는 하나님의 동역자고전 3:9이다. 따라서 우리는 계속적으로 하나님과 대화해야 하며 그것은 진정한 갈등이다. 이러한 갈등은 쉽지 않다. 울고 또다시 울고 또다시 갈등한다. 포기란 손을 떼고 잊어버리는 것이지만 그것은 소망이 있는 포기이다. 그것은 하나님께서 우리를 더 깊이 들어오라고 보내는 신호이며 초청이다. 참 마음의 평안은 포기의 길을 걸어본 사람들만이 가져보는 체험이다. 포기는 집착하는 한 하지 못한다. 그런데 인간의 본질은 집착이다. 그래서 불교에서는 집착을 버려야 해탈한다고 말한다. 그러나 기독교의 집착과 불교의 집착은 전혀 다른 개념과 성격을 가진다. 불교는 인본주의적인 집착의 포기를 말하지만 기독교는 하나님의 뜻을 이루기 위한 집착의 포기이다. 사실 우리는 손에 세상 것을 많이 가지면 가질수록 더 좋은 하늘의 것을 가질 수가 없는 것 아닌가? 따라서 기독교에서 말하는 집착의 포기는 하나님의 은혜의 선물을 받기위한 준비 과정이다. 그러므로 우리는 비우는 기도, 포기의 기도를 많이 해야 한다. 그것은 복종을 위한 준비 과정이기 때문이다.

그러나 신비주의자들이 말하듯 기도가 만사형통은 결코 아니다.

기도에도 한계가 있기 때문이다. 그래서 달라스 윌라드는 황금의 삼각형을 말하였다. 그가 말한 황금의 삼각형은 첫째는 금식과 예배와 찬양이고, 둘째는 회개의 굴복과 믿음과 순종의 단계이다. 이것은 성령의 역사에 대한 끊임없는 상호작용을 말한다. 셋째는 우리가 매일같이 당하는 좌절과 시련과 유혹을 이기도록 하나님께서 우리 안에 키워 주시는 인내심이라고 했다. 그러므로 기도가 시작이요 중요하지만 기도 만능자가 되어서는 안 된다. 왜냐하면 기도가 성경 이상으로 중요한 것은 아니기 때문이다.

우리의 기도와 변화의 주된 목적은 성숙이기 때문에 기도의 성숙에는 네 가지 훈련이 필요하다.

첫째는 하나님의 사랑에 비추어 우리의 죄에 초점을 맞추는 것이고 두 번째는 그리스도의 삶에 초점을 맞추는 것이고, 셋째는 그리스도의 수난에 대해서 초점을 맞추는 것이고, 넷째는 그리스도의 부활에 초점을 맞추는 것이다. 그것은 우리의 훈련이 그리스도를 닮아 가는 데 있기 때문이다.

왜 우리는 기도해야 하는가? 우리가 기도하는 것은 반복해서 말하지만 우리가 하나님을 사랑하기 때문이다. 기도는 하나님과의 영적 대화이다. 사랑하는 사람의 특징은 많은 대화를 한다는 점이다. 남들이 볼 때에는 별것 아닌 것이지만 사랑하는 사람들은 무엇이건 대화함으로 자신의 사랑을 표현하고, 대화함으로써 상대방의 사랑을 확인한다. 둘째로 우리가 기도하는 것은 우리에게 필요한 것이 있기 때문이다. 기도는 하나님께 대한 우리의 사랑을 깊게 만들어 주고, 우리의 이기주의적인 생각이 하나님의 뜻에 부합하도록 변화시켜 준다. 셋째로 우리가 기도하는 것은 주님의 뜻이 하늘에서 이루어진 것같이 땅에서도 이루어져야 하기 때문이다. 넷째로 우리가 기도하는 것은 영적 침체에서 벗어나서 하늘을 나는 새처럼 자유롭게 훨훨 날고 싶기 때문이다. 다섯째로 우리가 기도하는 것은 날마다의 생활에서 필요한 것이 계속해서 있기 때문이다. 여섯째로 우리가 기도하는 것은 날마다의 생활인 사탄과의 영적 전쟁에서 승리하기 위해서이다. 일곱째로 필자는 때때로 외롭고 심심할 때 그것을 극복하기 위해서 기도한다. 남들이 볼 때에는 그 말이 시시하게 느껴지겠지만 고독하고 심심한 나에게는 그것이 견딜 수 없는 일이기 때문이다. 솔직히 말해서 사랑하는 친구들을 만나고 가족들과 함께 있어도 절대고독은 해결이 안 된다. 이 절대고독은 오직 하나님만이 해결해 주기 때문이다. 그래서 어거스틴은 하나님만이 채울 수 있는 공간이 우리 속에 있다고 고백했다.

그러면 무엇에 대해서 기도해야 하는가?
흔히 성경학자들은 사도행전이란 영어 단어처럼 기도하라고 권면한다. 위에서도 언급했지만 다시 반복한다. 사도행전은 영어로 Acts인데 그 약자의 말대로 기도하면 된다고 말한다. 즉 Adoration경배와 찬양, Confession회개, Thanksgiving감사, Supplication간구의 순서대로 네 가지 내용으로 기도를 하면 된다는 것이다. 좀 더 자세한 것을 알고 싶다면 마태복음 6장 9-13절에 있는 주기도문처럼 하면 된다. 주기도문은 예수님의 기도의 모범에서 살펴보았기 때문에 반복은 하지 않겠다.

그러나 여기서 강조하고 싶은 것은 필자는 기도에 대한 이론적 설명보다 "그냥 기도하라. 하다 보면 기도의 내용이 하나님의 뜻대로 변하여 간다"는 주장이다. 다만 하고 싶은 말을 자기가 기억 못할 만큼 많은 기도로 하지 말고 짧고 분명하게 그러나 반복해서 기도하라고 권하고 싶다. 필자는 때때로 "아바 아버지" 하고 부르짖고 다른 말은 하지 않고 그냥 징징대며 울면서 하나님께 매어 달리며 기도하기도 한다. 그러면 놀랍게도 하나님께서는 나의 소원을 이루어 주셨다.

기도는 하나님과의 영적 대화이기 때문에 성경의 토대 위에서, 성경의 방법대로 기도하는 것이 가장 중요하다. 왜냐하면 성경을 떠나서 기도하는 것은 신비주의에 빠질 위험성이 많기 때문이다.

그러면 성경의 핵심이 무엇인가? 간단히 말하면 바로 예수 그리스도이시다. 구약은 오실 메시아에 대한 기록이고, 신약은 이미 오신 예수 그리스도에 대한 기록이다. 우리는 위에서 필자의 영성 정의를 "예수 그리스도를 닮아가는 것이며 그의 발자취를 따라가는 것"이라고 했다. 그러므로 성경의 연구 없이 영성의 개념을 논할 수 없고, 성경의 연구 없이 영성의 개발 방법을 논할 수 없다.

영성의 첫 방법이 기도라면 기도의 가장 중요한 조력자는 겸손이다. 그러면 어떻게 할 때 겸손할 수 있는가? 겸손이란 우리가 거기에 초점을 맞추거나 노력한다고 되는 것은 아니다. 그렇다고 기도만 한다고 겸손해지는 것도 아니다. 결론적으로 말하면 겸손은 하나님의 은혜의 선물이다. 그러나 그럼에도 불구하고 우리의 훈련의 노력은 하나님의 뜻을 이루는 데 큰 도움이 된다. 왜냐하면 우리가 겸손할 때 하나님께서 주시는 선물을 하나도 놓치지 않고 금방 다 받을 수 있기 때문이다. 그러나 우리가 교만할 때는 하나님께서 우리의 교만을 내려놓게 하려고 많은 시간이 걸리기 때문에 하나님의 뜻을 이루기 위해서는 겸손해야 한다.

이 겸손을 위해서 가장 중요한 것은 "자족하는 삶"을 살 수 있어야 한다빌 4:11. 사실 필자는 얼마나 많이 겸손케 해달라고 기도했지만 그것만으로는 겸손해지지 않았다. 그러나 모든 것을 내려놓고, 가진 것 없는 상태에서도 그것에 만족을 느낄 때 조금은 겸손해질 수 있었다. 갖지 못한 자들과도 대화를 하고 사귈 수 있었기 때문이다. 왜 그런가? 주님은 낮은 데로 임하시는 분이시기 때문이다. 그래서 부자가 천국에 들어가는 것이 어렵다마 19:23고 말씀하신 것이다.

기도에서 겸손 다음으로 중요한 것은 '혀의 사용'이다.

왜냐하면 침묵할 줄도 알아야 깊은 기도를 할 수 있기 때문이다. 우리의 입이 경박한 말을 피하고, 쉽고 단순한 말을 사용하도록 훈련할 필요가 있다. 필자가 군대생활을 할 때 가장 놀란 것은 군인들은 말끝마다 경박한 욕설이 항상 따라다녔다. 그런데 최근에 보면 초등학생들부터 시작해서 대학생들까지 왜 그렇게 많은 경박한 말들을 하는지 안타깝다.

이런 경박한 말을 하지 말아야 할 것은 대화법에서는 상대방에 대한 존중이 중요하기 때문이다.

교만한 자는 하나님의 사랑을 받을 자격도 없고, 받을 수도 없다. 하나님의 은혜와 선물인 은사를 받으려면 우리 손안에 있는 더러운 것들을 다 버려야 하기 때문에 겸손해야 기도가 응답된다.

다음으로 중요한 것은 리지외의 떼레스가 말한 "작은 길"을 걷는 것이다. 그러나 사실 "작은 길"이라고 했지만 쉽고 간단한 길은 아니다. 왜냐하면 그것은 험난하고도 좁고 긴 길이기 때문이다. 여기서 말하는 작은 길이란 비천한 길을 찾아서 가는 것이고, 부당한 비난을 기쁨으로 받아들이는 것이고, 우리를 괴롭히는 자들의 친구가 되어 주는 것이고, 원수와 같은 자들을 도와주는 것을 말한다. 매일같이 동료들의 잔소리를 미소로 답하고, 짜증나게 하는 사람들의 말에도 주의를 기울일 수 있고, 날마다 작은 친절을 행하는 것이 "작은 길"이다.

필자는 목회를 하면서 교인들이 나를 무섭다고 피하는 경우가 많은 것을 보고 미소짓는 법을 배우기 위해 밤에 거울을 보고 많이 연습했다. 심지어 안경까지 써서 부드러운 분위기를 만들려고 노력했다. 그래서 성도들과 만나고 대화할 때 미소를 지으려고 많이 노력했다. 얼마나 도움이 되었는지는 모르지만 중요한 것은 상대방에게 좋은 인상을 주는 것이다.

사실 이런 것들은 다 성경 안에 있는 말씀들 속에 자세히 기록되어 있다. 성경은 말씀Logos이지만 그것을 내 것으로 받아들일 때 그 말씀은 내게 진정한 의미의 레마Rema의 말씀이 된다. 그러기 전에는 성경이 단순한 고전이요 교양서에 불과할 뿐이다. 만일 그러하다면 성경을 읽어도 재미가 없고 은혜를 못 받을 뿐 아니라 심지어 어떤 이들에게는 성경이 수면제가 되기도 한다.

하나님께서는 우리 인간들에게 세 가지 중요한 선물을 주셨다. 첫째는 성경, 즉 말씀을 주신 것이다. 둘째는 말씀로고스이신 독생자 예수 그리스도를 우리의 대속 제물로 보내 주신 것이다. 셋째는 보혜사 성령을 보내 주셔서 우리들을 광야에 홀로 내버려두지 않고 천국 갈 때까지 동행케 해주시는 것이다. 그런데 성경 즉 말씀은 하나님의 사랑과 능력과 뜻을 다 가지고 있기 때문에 말씀을 떠난 기도는 참된 기도라고 할 수 없다. 그러나 성경도 기도 없이는 우리 자신들에게 주는 레마의 말씀이 될 수 없다. 성경 안에는 인간에게 필요한 모든 지혜가 다 들어 있다.

지난 60여 년간 필자가 성경을 연구하면서 깨달은 진리는 성경은 샘물과 같아서 아무리 퍼내어도 계속해서 흘러넘친다는 점이었다. 그 어려운 말씀도 기도하면 깨달아지고, 항상 새로운 것으로 다가오는 체험을 한다. 또 아무리 연구해도 모르는 문제들이 계속해서 생겨나서 성경을 연구하는 데 게으를 수가 없다. 그래서 성경 연구는 지루하지도 않고, 언제나 기쁨이 되고, 재미가 있고 기대가 되고 흥분이 된다. 그 안에 내가 필요로 하는 모든 것이 다 들어 있기 때문이다.

놀라운 것은 성경은 우리의 영적 문제는 물론 개인적 사회적 국가적 세계적 우주적 모든 문제에 대한 해답을 준다. 영성이 무엇인지, 어떻게 영성을 개발해야 하는지, 영성의 목적과 방법이 무엇인지 가르쳐 준다. 심지어 돈 버는 방법까지도 가르쳐 주고, 친구와 사귀는 방법도 가르쳐 준다. 필자가 성경을 연구하면서 가장 놀란 것은 미국에서 경영학을 가르칠 기회가 왔을 때의 일이었다. '어떻게 하지. 나는 경영학을 배운 적도 없는데' 하고 고민하고 있었을 때 잠언 16장 1절과 3절, 9절에서 그 해답을 찾았다. "마음의 경영은 사람에게 있어도 말의 응답은 여호와께로부터 나오느니라"1절. "너의 행사를 여호와께 맡기라 그리하면 네가 경영하는 것이 이루어지리라"3절. "사람이 마음으로 자기의 길을 계획할지라도 그의 걸음을 인도하시는 이는 여호와시니라"9절.

더욱 놀라운 것은 성경에 나오는 많은 인물들에게서 그들이 살아왔던 경영 철학을 발견하면서 놀라운 체험을 한 적이 있다. 많은 경영학자들이 성경에서 경영 철학을 찾아내고 있다. 이처럼 성경은 어떤 면에서 우리의 모든 것이며 그 모든 것의 해답이다. 우리의 행복도 사명도 내세의 모든 문제까지도 다 다루고 있다. 최근에 문제가 되고 있는 환경문제까지도 성경에 모든 해답이 다 있다는 데 놀라지 않을 수가 없었다.

성경 연구를 통한
영성 개발을 해야 한다

영성 개발을 위한 두 번째 단계는 "말씀에 초점을 두어야" 한다. 왜냐하면 성경을 떠나서 영성의 정의나 방법이나 목적이나 결과나 무엇 하나 분명하게 가르쳐 주는 것은 없기 때문이다. 그뿐 아니라 말씀은 전신갑주 가운데 유일한 공격용 무기이기 때문이다.

영성 개발에서 중요한 것은 우리의 생각과 목표가 하나님에게까지 올라가고 닿아야 한다. 그러기 위해서는 깊은 성경 연구가 중요하다.

성경을 체계적으로 묵상하면 그 내용을 외적으로 확대하기도 하지만 또 내적으로도 강화해 준다. 마치 볼록 렌즈를 가지고 태양의 분산된 광선을 한 초점에 모으는 것과 같다. 우리가 진리를 깨달을 때 그냥 대강 엉성하게 알아서는 확실하게 체계화할 수가 없다. 글씨가 너무 작아서 잘 안 보일 때 안경을 쓰고 보면 글자가 크고 환하게 보이듯이 성경의 체계적인 묵상을 통해서 성경 속으로 깊이 들어갈 수가 있다. 그러므로 성경을 그냥 읽어서는 안 되며 체계적으로 읽고 연구해야 한다. 그러려면 두 가지의 방법이 있다. 하나는 캥거루처럼 긴 발로 멀리 뛰어 가는 말하자면 망원경 식으로 성경을 연구하는 방법이 있고, 다른 하나는 코알라처럼 작은 발로 조금씩 뛰어가는 방법, 말하자면 현미경식 성경 연구 방법이 있다.

필자가 가장 좋아하는 방법은 어떤 주제를 중심으로 성경을 역사적 배경 속에서 해석하고, 체계화해서 연구하는 방법이다. 이것을 성서신학이라고 부르는데 그 방법을 가장 애호한다.

여기서는 간단하게 성경을 연구하는 방법에 대해서 살펴보려고 한다. 네비게이토의 교재가 큰 도움이 될 것이다. 필자에게도 큰 도움을 주었기 때문이다. 그들은 이런 말을 한다. 우리 손에는 손가락이 다섯 개가 있듯이 말씀의 손the Hand of Word에도 다섯 가지가 있다고. 즉 하나님의 말씀을 섭취하는 데 다섯 가지 방법을 고루 사용하는 것이다. 첫째 듣기, 둘째 읽기, 셋째 공부하기, 넷째 암송하기, 다섯째 묵상이 바로 소위 말하는 말씀의 다섯 손이다. 이 다섯 가지 방법을 구체적으로 살펴보자.

1. 말씀 듣기

말씀 듣기에 관하여 성경은 이렇게 말씀한다. "귀 있는 자는 성령이 교회들에게 하시는 말씀을 들을지어다 이기는 그에게는 내가 하나님의 낙원에 있는 생명나무의 열매를 주어 먹게 하리라"계 2:7. "이르기를 다윗의 왕위에 앉은 유다 왕이여 너와 네 신하와 이 문들로 들어오는 네 백성은 여호와의 말씀을 들을지니라"렘 22:2.

그러면 어떤 태도로 성경을 들어야 하는가? 즐겁게 들어야 한다막 12:37. 다음은 듣고 그 말씀대로 행하여야 한다마 7:24.

다음으로 말씀을 들을 때의 유익은 무엇인가? 첫째로 믿음이 생긴다. "그러므로 믿음은 들음에서 나며 들음은 그리스도의 말씀으로 말미암았느니라"롬 10:17, 둘째로 깨닫게 하며 축복이 된다계 1:3.

그러면 말씀을 어떻게 들어야 하는가? 첫째는 예배를 통해서 정기적으로 듣고, 둘째는 성도들과의 깊은 영적 교제를 통해서 듣는다. 기도 모임이나 성경 공부나 개인 교제 같은 것을 통해서 들 수 있다.

2. 말씀 읽기

말씀 읽기에 관한 성경적 교훈은 신명기 17장 19절에 나온다. "평생에 자기 옆에 두고 읽어 그의 하나님 여호와 경외하기를 배우며 이 율법의 모든 말과 이 규례를 지켜 행할 것이라." 요한계시록 1장 3절에는 말씀을 읽는 자의 축복과 그 이유를 밝혀준다. "이 예언의 말씀을 읽는 자와 듣는 자와 그 가운데에 기록한 것을 지키는 자는 복이 있나니 때가 가까움이라." 기독교의 위대한 석학인 임어당의 고백을 들어보자. 그는 중국이 낳은 위대한 석학이다. 한때 그는 기독교를 떠나서 휴머니즘으로 인간의 문제를 해결하려고 노력했다. 그러나 후에 그는 다시 기독교로 돌아와서 이렇게 고백했다. "내 책상 위에는 언제나 성경이 놓여 있다. 나는 이 성경을 읽으면서 이교도에서 기독교로 전환되었다". 그러나 이것은 수많은 간증 중에 하나일 뿐이다. 성경으로 말미암아 위대하게 된 수많은 사람들을 우리는 역사에서 얼마든지 볼 수 있기 때문이다.

왜 우리는 성경을 읽어야 하는가? 디모데전서 4장 13절, 요한계시록 1장 3절, 사도행전 20장 32절, 에베소서 6장 19절에서 바울은 성경을 "읽는 것과 권하는 것과 가르치는 것에 전념하라"고 했고, 계시록에서 요한은 "이 예언의 말씀을 읽는 자와 듣는 자와 그 가운데에 기록한 것을 지키는 자는 복이 있나니 (재림의) 때가 가까움이라"고 했다. 누가는 사도행전에서 "그 말씀이 여러분을 능히 든든히 세우사 거룩하게 하심을 입은 모든 자 가운데 기업이 있게 하시리라"고 했다. 다시 말하면 성경은 우리들을 든든히 세워주어 하늘의 기업이 있게 만들어 준다는 것이다.

필자가 가장 존경하는 성 어거스틴은 처음에는 어머니인 모니카의 마음을 아프게 하는 방탕아였다. 그러나 그의 어머니 모니카는 포기하지 않고, 매일같이 어거스틴을 위해 기도했고 그가 읽기를 바라는 성경을 펼쳐놓았다고 한다. 그러던 어느 날 어거스틴이 밀란의 정원에서 아이들의 노랫소리인 "펼쳐서 읽어 보아라"는 노래를 듣고 그것이 하나님의 음성이라 믿고 자기 방에 뛰어 들어가 어머님이 펼쳐 놓은 로마서 13장 11-14절을 읽고 회개하여 완전히 변하였다고 한다. 그것이 바로 성경 말씀의 역사에 대한 좋은 간증이 된다. "또한 너희가 이 시기를 알거니와 자다가 깰 때가 벌써 되었으니 이는 이제 우리의 구원이 처음 믿을 때보다 가까웠음이라 밤이 깊고 낮이 가까웠으니 그러므로 우리가 어둠의 일을 벗고 빛의 갑옷을 입자 낮에와 같이 단정히 행하고 방탕하거나 술 취하지 말며 음란하거나 호색하지 말며 다투거나 시기하지 말고 오직 주 예수 그리스도로 옷 입고 정욕을 위하여 육신의 일을 도모하지 말라"롬 13:11-14. 탕자가 하나님의 말씀의 능력으로 완전히 변화된 것이다.

그러면 어떤 마음으로 읽어야 하는가? 나침판이 없는 선박은 목적지에 바로 갈 수 없는 것처럼 인생도 성경을 통해서 창조주이신 하나님의 뜻과 방법을 발견할 수 있다. 따라서 성경을 대할 때의 마음의 자세는 아주 중요하다. 먼저 성경은 우리 영혼의 양식임을 믿고서 읽어야 한다마 4:4. 그뿐 아니라 성경은 읽는 사람에게 기쁨을 준다고 했으니렘 15:16 귀히 여기는 마음으로 읽어야 한다욥 23:12. 왜냐하면 성경은 영생의 길로 인도해 주는 하나님의 지도 책이기 때문이다.

3. 성경 공부

그러나 성경은 읽는 것만으로는 부족하다. 성경은 반드시 공부를 해야 한다. 왜냐하면 성경을 공부하지 않고는 말씀을 바로 분별하지 못하기 때문이다. 디모데후서 2장 15절에는 이런 말씀이 나온다. "너는 진리의 말씀을 옳게 분별하며 부끄러울 것이 없는 일꾼으로 인정된 자로 자신을 하나님 앞에 드리기를 힘쓰라." 그래야 부끄러울 것이 없는 일꾼이 될 수 있기 때문이다. 그래서 베뢰아의 교인들은 "간절한 마음으로 말씀을 받고 이것이 그러한가 하여 날마다 성경을 상고"행 17:11했던 것이다.

성경 공부에서 중요한 것은 그리스도를 닮아가려는 데 목표를 두어야 한다. 이 목표를 위하여 성경 공부를 하는 것이다. 놀라운 것은 성경은 보는 사람의 목적에 따라 우리에게 임하는 내용이 다르다는 점이다. 목회자에게는 설교의 내용이 나오고, 교인들에게는 은혜의 말씀이 나오고, 신학자들에게는 문제되는 난해 구절이 나오기 때문이다. 따라서 성경 공부는 성실해야 하고, 진지해야 하며, 지혜를 구하는 마음과 말씀을 삶 가운데서 실천해 나가는 마음으로 해야 변화가 일어나고 그리스도를 닮아가고 마침내 하나님께 영광을 돌리게 된다.

물론 성경 공부는 체계적이고 논리적인 교수법으로 하는 것이 좋으나 그것이 반드시 좋은 결과를 가져오는 것은 아니다. 그것은 몇 가지 근본 조건들이 해결되지 않고 시작했기 때문이다. 첫째로 바른 그릇으로 준비되어야 한다딤후 2:21. 그것은 깨끗한 그릇으로 준비되는 것을 말한다. 둘째는 하나님의 말씀에 대한 절대적인 권위를 인정해야 한다딤후 3:16. 셋째로 말씀에 대한 어린아이와 같은 자세를 가져야 한다벧전 2:2. 즉 사모하는 마음을 가져야 한다.

그러면 성경에 대한 성경의 가르침은 무엇인가?

첫째는 성경을 최고 권위의 하나님의 말씀으로 인정하라요 7:16; 딤후 3:15-16. 둘째는 진리 전달의 수단으로 사용하라요 8:31-32. 셋째는 영적 싸움의 무기를 삼으라엡 6:17. 그래서 미국의 초대 대통령이었던 워싱턴은 "하나님과 성경 없이 이 세상을 올바르게 통치한다는 것은 불가능하다"고 고백했다.

구체적으로 어떻게 성경 공부를 하는 것이 좋은가? 네 가지 방법이 있다. 첫째로 주 단위로 성경을 정기적으로 공부할 수 있도록 시간을 떼어 놓아야 한다. 둘째로 성경 그 자체를 공부할 수 있어야 한다. 그러나 많은 사람들은 성경에 대해서 공부한다. 중요한 것은 성경 자체를 깊이 묵상하고 연구하되 연구에 도움이 되는 책을 참고하는 것이 좋다. 구약개론이나 신약개론, 혹은 성경 개설이나 주석도 도움이 된다. 그러나 경고하는 것은 내게 주시는 하나님의 말씀을 경시하지 말라는 것이다. 필자는 은사이신 김동길 박사에게서 이런 책망을 받은 적이 있다. 자네는 너무 책을 많이 읽어서 자기 목소리를 못 내고 남의 말이나 한다고. 셋째로 성경에서 발견한 사실들을 기록하라. 희미한 잉크가 명확한 기억력보다 낫기 때문이다. 넷째로 깨달은 것은 반드시 생활에 적용하라. 그래서 성경의 축복을 받는 것이다.

그러면 성경 이해의 원리는 무엇인가? 세 가지가 있다. 첫째로 성경의 권위를 인정하고 하나님의 음성에 귀를 기울이라. 이에 대하여 성경은 어떻게 말하고 있는가? 성경에서 가감하지 말 것을 경고하고 있다계 22:18-19. 둘째로 성경 이해의 필수적인 것이 두 가지가 있다. 보혜사 성령께서 이해할 수 있도록 도와주신다요 14:26. 영적인 일은 영적인 것으로 분별한다고전 2:13는 점이다. 셋째로 성경 자체가 성경을 잘 해석해 준다. 사실 성경에는 짝이 있고, 또 난해한 구절을 해석해 주는 구절들이 어디엔가 반드시 있기 때문이다. 그러므로 관주 성경을 가지고 관주를 최대한 활용하는 것이 좋다. 그러나 많은 성도들은 관주를 그냥 지나친다.

4. 성경의 암송

성경의 말씀을 암송하면 읽는 사람의 인격이 말씀의 능력으로 말미암아 놀랍게 변화된다. 그뿐 아니라 사탄의 유혹을 이겨내는 능력이 생기고, 전도할 때 꼭 필요한 말씀을 기억나게 해서 그 시점에 꼭 필요하고 유익한 말씀으로 준비시켜 준다. 성경 암송을 통한 유익을 성경은 이렇게 설명한다. "모든 지킬 만한 것 중에 더욱 네 마음을 지키라 생명의 근원이 이에서 남이니라"잠 4:23. 암송한 말씀은 마음의 일부가 되고, 그러기에 생명의 근원이 말씀에서 생기는 것이다. 누가복음 6장 45절에서는 이렇게 기록하고 있다. "선한 사람은 마음에 쌓은 선에서 선을 내고 악한 자는 그 쌓은 악에서 악을 내나니 이는 마음에 가득한 것을 입으로 말함이니라". 무슨 말인가? 마음의 생각은 암송된 말씀에 따라 결정되고, 그것은 마침내 생활로 이어진다는 것이다. 그래서 신명기 6장 6절에서는 "오늘 내가 네게 명하는 이 말씀을 너는 마음에 새기고"라고 권면한 것이다.

성경 암송은 마치 화살 통에 화살을 채워 두듯이 사탄을 대적하기 위한 무기로 사용된다. 마태복음 4장 1-11절에 보면 주님께서 어떻게 사탄을 물리쳤는지 기록하고 있다. 바로 암송된 말씀이다. 우리는 주님께서 어떤 회당에서 성경을 배우고 암송했는지 분명히는 모른다. 그러나 성경 배경사를 연구하는 많은 학자들은 아마도 당시 가장 유명했던 랍비인 힐렐에게서 배웠을 것이라고 생각한다. 왜냐하면 예수님의 가장 유명한 황금률마 7:12이 힐렐의 은율"네가 싫은 것은 남에게도 하지 말라'에서 왔다고 추론하기 때문이다. 황금률은 "그러므로 무엇이든지 남에게 대접을 받고자 하는 대로 너희도 남을 대접하라 이것이 율법이요 선지자니라"구약의 요약이니라는 말씀인데 힐렐은 부정적으로 말한 것을 주님은 긍정적이고 적극적으로 말씀하셨을 것이라고 추론한다. 재미있는 것은 공자도 은율을 가르쳤다. 공자도 '기소불욕 물시어인' 己所不欲 勿施於人이라고 했기 때문이다. 어떤 이들은 이런 추론은 주님의 신성을 제한하는 것이라고 오해한다. 그러나 주님은 백 퍼센트 하나님이셨지만 또한 백 퍼센트 사람이셨다는 것을 이해하지 못하기 때문에 오는 오해이다. 주님은 어려서부터 우리처럼 많은 것을 배우셨다. 그의 비유들을 보면 그가 얼마나 예리한 관찰력을 가지고 자연을 보면서 배우신 것을 볼 수 있다.

중요한 것은 우리가 성경을 암송하면 그 암송했던 성경 구절들이 우리가 사탄과 대적하여 싸울 때 사탄을 물리치는 무기로 사용된다는 점이다.

그러면 암송하는 우리의 태도는 어떠해야 하는가? 첫째로 기쁨과 즐거움으로 대해야 한다. 예레미야 15장 16절에 보면 예레미야는 "내가 주의 말씀을 얻어 먹었사오니 주의 말씀은 내게 기쁨과 내 마음의 즐거움"이라고 했다. 그러나 필자의 경험으로는 어떤 때는 할 수 없어서 억지로 말씀을 대할 때가 있는데 그때는 그 말씀이 살아서 내게 다가오지 않고, 오히려 졸음만 오게 하는 수면제가 되었던 것을 기억한다. 성경에 대한 필자의 자세가 나빴기 때문이다. 둘째는 말씀을 사랑하는 마음으로 대해야 한다. 시편 119편 97절에 보면 시편 기자가 이렇게 고백했다. "내가 주의 법을 어찌 그리 사랑하는지요 내가 그것을 종일 작은 소리로 읊조리나이다". 말씀을 사랑할 때에는 그것을 작은 소리로 노래하듯 읊조리기 때문이다. 세 번째는 말씀을 항상 묵상하고 그 기록된 대로 실천하고 살아야 한다. "이 율법 책을 네 입에서 떠나지 말게 하며 주야로 그것을 묵상하여 그 안에 기록된 대로 다 지켜 행하라 그리하면 네 길이 평탄하게 될 것이며 네가 형통하리라"수 1:8고 했다. 네 번째는 말씀이 항상 꿀처럼 달아야 한다. 시편 119편 103절에 보면 "주의 말씀의 맛이 내게 어찌 그리 단지요 내 입에 꿀보다 더 다니이다"고 했다. 언제 주의 말씀이 단가? 깨달았을 때 달고, 말씀을 묵상할 때 단 맛이 난다.

말씀을 암송한 후에 오는 신령한 복은 무엇인가? 첫째는 지혜를 줄 뿐 아니라 감사하는 마음이 생긴다. "그리스도의 말씀이 너희 속에 풍성히 거하여 모든 지혜로 피차 가르치며 권면하고 시와 찬송과 신령한 노래를 부르며 감사하는 마음으로 하나님을 찬양하고"골 3:16.

둘째는 말씀이 우리를 인도하여 주며 보호해 준다. "그것이 네가 다닐 때에 너를 인도하며 네가 잘 때에 너를 보호하며 네가 깰 때에 너와 더불어 말하리니"잠 6:22. 셋째는 세상을 살아갈 때에 실족함이 없게 해준다. "그의 마음에는 하나님의 법이 있으니 그의 걸음은 실족함이 없으리로다"시 37:31. 넷째는 행실을 깨끗하게 하여 주고 주께 범죄하지 않게 해준다. "청년이 무엇으로 그의 행실을 깨끗하게 하리이까 주의 말씀만 지킬 따름이니이다"시 119:9. "내가 주께 범죄하지 아니하려 하여 주의 말씀을 내 마음에 두었나이다"시 119:11. 다섯째는 하나님과 사람 앞에서 은총과 귀중히 여김을 받게 해준다. "인자와 진리가 네게서 떠나지 말게 하고 그것을 네 목에 매며 네 마음판에 새기라 그리하면 네가 하나님과 사람 앞에서 은총과 귀중히 여김을 받으리라."잠 3:3-4. 여섯째는 많은 열매를 맺게 해주고, 형통케 해준다. "복 있는 사람은 악인들의 꾀를 따르지 아니하며 죄인들의 길에 서지 아니하며 오만한 자들의 자리에 앉지 아니하고 오직 여호와의 율법을 즐거워하여 그의 율법을 주야로 묵상하는도다 그는 시냇가에 심은 나무가 철을 따라 열매를 맺으며 잎사귀가 마르지 아니함 같으니 그가 하는 모든 일이 다 형통하리로다"시 1:1-3. 일곱째는 어리석은 자들을 깨닫게 해준다. "주의 말씀을 열면 빛이 비치어 우둔한 사람들을 깨닫게 하나이다"시 119:130. 여덟째는 영혼을 소성시키고 지혜롭게 하며 눈을 밝게 해준다. "여호와의 율법은 완전하여 영혼을 소성시키며 여호와의 증거는 확실하여 우둔한 자를 지혜롭게 하며 여호와의 교훈은 정직하여 마음을 기쁘게 하고 여호와의 계명은 순결하여 눈을 밝게 하시도다"시 19:7-8.

지금 우리가 살고 있는 세상은 어둡고 힘하다. 무엇으로 그 영혼들을 깨우쳐야 할 것인가? 과학인가? 도덕인가? 교육인가? 그것은 생명의 말씀인 성경밖에는 없다. 그러므로 우리가 영성을 개발하고, 살게 하려면 말씀의 능력 외에는 다른 아무것도 없다. 오직 말씀을 통해 죽은 영혼들이 살아나고, 활기를 얻어야 한다.

이처럼 성경을 암송하면 인격이 말씀의 능력으로 변화될 뿐 아니라 사탄의 유혹을 이겨내는 힘을 준다. 그뿐 아니라 성령의 도구가 되어 전도의 때에 맞는 말로 다른 사람들을 도울 수 있도록 준비시켜 준다. 그러면 구체적으로 성경을 암송할 때 어떤 변화가 일어나는가? 먼저 생명을 지켜준다잠 4:23. 다음은 선한 마음을 갖게 한다눅 6:45. 끝으로 하나님을 사랑하게 되고 마음에 새기게 한다신 6:6. 암송은 사탄을 대적하기 위하여 영적인 화살을 화살통인 마음속에 채워주는 역할을 한다. 전쟁에서 싸우는 군사가 화살통만 있고 화살이 하나도 없다면 어떻게 되겠는가? 복음서에 보면 예수님도 사탄과 싸울 때에 구약성경의 말씀을 외운 구절을 가지고 사탄을 물리친 것을 볼 수 있다마 4:1-11. 그러면 암송하는 태도는 어떻게 해야 하는가? 먼저 기쁨과 즐거움이 되어야 한다렘 15:16. 하나님의 말씀이 그 무엇보다도 달게 느껴져야 한다시

119:103. "말씀이 입에서 떠나지 않게 하고 주야로 묵상하여 그 안에 기록된 대로 다 지켜 행"하여야 한다. 끝으로 시편 119편 97절의 말씀처럼 말씀을 사랑해야 한다. 이렇게 성경을 대할 때 놀라운 신령한 복이 임한다. 첫째 "그리스도의 말씀이 너희 속에 풍성히 거하여 모든 지혜로 피차 가르치며 권면"하게 되며 찬송과 감사가 충만케 된다골 3:16. 둘째 잠언 6장 20-22절의 말씀처럼 우리를 "인도하며, 잘 때에도 보호해 주고 깰 때에도 더불어 말하"게 한다. 셋째 날마다의 "걸음이 실족함이 없"게 된다. 넷째 우리의 마음을 청결케 해주고 범죄하지 않도록 인도해 준다시 119:9, 11. 다섯째 "하나님과 사람 앞에서 은총과 귀중히 여김을 받"는다. 여섯째 모든 일에 형통함을 준다시 1:1-3. 일곱째, "말씀의 빛으로 인해 우둔한 사람들을 깨닫게" 해준다. 여덟째 우리의 영혼을 소성시키고 우둔한 자를 지혜롭게 하며 눈을 밝게 해준다시 19:7-8.

지금 세상은 완전히 세속화되어서 영적 빛을 찾을 수가 없다. 그러나 성경 말씀을 통해서 우리는 잃어버린 영혼들에게 빛과 소금이 될 수 있고 사람들을 바르게 인도할 수 있다. 그러므로 우리는 우리의 마음속에 성경 말씀으로 가득 채워야 할 것이다.

5. 말씀의 묵상

말씀Logos이 지식에서 끝나지 않고, 그것이 인격이 되고,

살아서 움직이는 능력Dunamis이 되려면 로고스가 레마Rema
가 되어야 한다. 레마가 되지 않은 말씀은 율법이나 지식이
나 교리로 끝나고 만다. 그것은 말씀의 묵상에서 온다.

  우리가 꼭 같은 설교를 들어도 어떤 때는 은혜가 되지만
어떤 때는 지루한 지식으로 끝나는데 그 차이점은 설교자가
그 말씀을 얼마나 묵상하는가에 달려 있다. 말씀을 묵상할
때 그 말씀은 소화가 되고, 이해가 되고, 인격이 되고 은혜가
된다. 오늘날 목회자들의 가장 큰 문제점은 말씀의 묵상이 부
족하다는 데 있다. 그래서 설교의 내용은 좋은데 가슴에 와
닿지 않고 튄다. 은혜가 되지 않는 것은 설교자가 말씀을 단
순히 인용하는 데만 그치고 말기 때문이다. 묵상된 말씀이라
야 듣는 자에게 은혜가 되고, 살아서 움직이는 레마가 된다.

  많은 설교가 가슴에 와서 닿지 않는 것은 설교자가 소화가
안 된 말씀을 전파하기 때문이다. 음식이 맛있으려면 요리한
음식이 잘 익어야 하고 간이 맞아야 한다. 설교도 마찬가지
이다. 묵상을 통해서 말씀의 깊이와 넓이와 높이가 생겨서
마치 화살처럼 가슴에 깊이 들어와야 한다. 겉만 좋은 음식
은 교인들에게 설사만 하게 하듯이 묵상되지 않은 설교는 설
교자에게는 피곤만 주고, 청중에게는 졸음만 오게 한다. 그
래서 성경을 많이 읽고 외우는 것도 중요하지만 묵상이 안
된 말씀은 전파해도 생명력이 없다. 그러므로 말씀은 항상
묵상으로까지 인도되어야 소화력이 있을 뿐 아니라 생명력

이 있고, 은혜가 되고 인격이 되고 생명이 된다.

목회자가 가장 많은 시간을 보내야 하는 것은 바로 이 말씀의 묵상 시간이다. 특히 강대상 밑에서 말씀을 묵상하면 가슴이 펄럭거리는 체험이 되고 그것이 강대상 위에서 전파될 때 부흥의 역사가 일어난다. 설교자가 자기 자신이 감격이 안 되는데 청중들이 은혜가 되기를 바라는 것은 자기를 속이는 것이고, 사기꾼이 되는 것이다.

6. 다음에는 이 성경 연구에서 중요한 것은 성경 해석학이다

해석학Hermeneutics이란 말은 본래 헬라어의 헬메뉴오 hermeneo란 말에서 유래한 것이다. 다시 말하면 헬라 신화에 나오는 헤르메스Hermes란 신의 이름에서 유래된 것이다. 헤르메스란 신은 주신인 제우스 신의 대변자 혹은 통역자를 일컫는 말이다행 14:12. 사도행전에 보면 바울이 바나바와 함께 루스드라에서 선교를 할 때 사람들이 바나바를 보고는 제우스라고 하고, 바울을 보고는 헤르메스라고 했다고 기록하고 있다. 다시 말해서 해석학이란 말은 해석하는 기술, 즉 해석술의 이론을 일컫는 말이다.

해석학에 관한 책으로는 벌코프의 《성경 해석학》Principles of Biblical Interpretation이라는 책이 가장 좋다. 1981년에 번역된 것이니 오래된 책이기는 하지만 지금도 그것보다 더 실제적이고 쉽게 쓰인 책은 없다. 중요한 내용을 요약해 본다.

(1) 그는 성경은 인간의 언어로 된 기록이기 때문에 가장 중요한 것이 문법적 해석이라고 했다. 낱말의 어원은 사전이나 성경의 전문가들이 기록한 것을 참조하는 것이 가장 유익하다. 사실 많은 목회자들이 성경 낱말의 본래의 뜻을 살피지 않고, 우리말로 된 성경 구절을 제멋대로 해석하는 경우를 많이 볼 수 있는데 그것은 히브리어로 기록된 구약이나 헬라어로 기록된 신약의 원어를 전혀 참조하지 않기 때문이다. 예를 들어 교회란 말은 에클레시아eklesia인데 그 말은 에크ek란 말과 칼레인kalein이란 말에서 파생된 것이다. 이 단어를 70인 역LXX이나 신약성경에서 사용하고 있다. 요컨대 교회란 단어는 에크ek=from와 칼레인kalein=call의 합성어이다. 따라서 그 뜻은 "세상으로부터 부르심을 받은 자들"이라는 말이다. 따라서 신학자들이 쓴 사전 같은 책을 참조하는 것이 유익하다. 또 다른 예로는 구속이란 단어이다. 히브리어 코펠kopel, 키프림kiplim, 카포레트kapolet란 단어는 대속, 구원, 또는 속죄란 뜻으로 "덮는다"는 뜻을 가진 카팔kapal이란 단어에서 생겨난 구속, 속죄의 뜻을 간직하고 있다. 다시 말해서 죄나 죄인이 그리스도의 속죄의 피로 가리워졌다는 뜻인데 이것은 구약의 제사희생제물 피에서 예표되어졌다.

다음으로 중요한 것은 (2) 사용되는 낱말은 그 용법에 따라 해석해야 한다. 대부분의 말들은 문자적인 의미와 상징적인 의미를 가지고 있기 때문에 저자가 그 말을 어떤 용법으로 사용하였는가를 찾아내야 한다. 신약의 헬라어는 고전 헬라어가 아니라 문어체인 코이네 헬라어이기 때문에 고전 헬라어의 뜻으로 해석해서는 안 된다. 코이네 헬라어의 새로운 의미로 봐야 한다. 왜냐하면 하나님께서는 "여러 부분과 여러 모양으로" 말씀하셨기 때문이다히 1:1.

또 낱말에는 동의어와 반의어가 있기 때문에 그 단어의 뜻을 다각적으로 살펴보아야 한다. 예를 들면 예수님께서 유대인들이 기대했던 외모가 아닌 모양으로 오실 것을 이사야는 다음 세 가지 단어로 표현했다사 53:2. "고운 모양도 없고 풍채도 없은즉 우리가 보기에 흠모할 만한 아름다운 것이 없도다". 첫 번째 '모양'이란 말은 토알toal인데 그 낱말에 아름다운이란 뜻이 덧붙여져 아름다운 풍채에 관련된 말이 되었다. 두 번째 '풍채'란 말인데 하달hadal로서 본래는 장식품을 표현하는 단어였지만 하나님께 사용함으로 장엄한 뜻으로 사용되었다. 세 번째는 '말에드'maled인데 "보다"란 뜻을 가진 라아흐raah에서 파생된 말이다.

성경에서 가장 많은 오해를 주는 단어는 육sarx이란 말인데 이 말은 네 가지의 뜻이 있다. 첫째는 뼈를 제외한 몸의 단단한 부분고전 15:39; 눅 24:39, 둘째는 소마soma와 동의어로 신체의 전체 부분, 셋째는 인간의 감각적 성품요 1:13; 롬 10:18, 가장 중요한 것은 네 번째 뜻이다. 즉 죄로 지배받고 죄가 되는 욕망의 중심지요 핵심이 되는 인간의 본성롬 7:25, 8:4-9; 갈

5:16-17을 말할 때 사용한다. 만약 요한복음 6장 53절에 있는 낱말에 이 모든 의미를 적용하면 그것은 그리스도에게 죄를 전가시키는 일이 된다. 그러나 성경은 그리스도가 무죄하다고 확증하고 있다요일 3:5. 그러므로 육sarx과 몸soma은 전혀 다르다. 육은 죄의 지배를 받는 죄의 중심지이지만 몸이란 말은 성령이 거하는 곳이기 때문이다고전 6:19.

대구법parallelism에 따라 때로는 낱말의 뜻이 결정되기도 한다는 것을 잊지 말아야 한다. 특별히 히브리 시는 더욱 그렇다. 히브리 시는 세 가지 특징이 있다. 첫째로 히브리 시에는 대구법이 있다. 대구법의 가장 큰 공헌자는 영국의 감독인 로버트 로우스Robert Lowth이다.

그의 박사 학위 논문On the Sacred Poetry of the Hebrews, 1778년은 히브리 시의 연구에 큰 공헌을 했다. 그것이 1787년에 《히브리 시의 연구》Lectures on the Sacred Poetry of the Hebrews로 출판되면서 구약 연구에 혁혁한 공헌을 했다. 그는 세 가지 유형의 대구법이 구약 시의 특징이라고 했다. 대구법을 일명 사상의 리듬Thought rhyme이라고도 부른다. 단어의 리듬Word rhyme을 대신해서 사용한다.

그러나 좀 더 넓게는 5가지가 있다.

첫째, 동의적 대구법Synonymous Parallelism:사 2:4; 미 4:3; 시 24:21절과 2절 , 둘째, 반의적 대구법Antithetical Parallelism: 잠 10:1; 시1:6진리와 대조, 셋째 종합적 대구법Synthetic

Parallelism:시 119:11원인과 결과, 넷째, 점진적 대구법Progressive Parallelism, 여기에는 계단식 점진법Stairlike Parallelism:시 1:1따르다, 서다, 앉다과 풍토적 점진법Climatic Parallelism:시 29:1이 있다.

다섯째, 내향적 대구법Introverted Parallelism:시 91:14 4째줄, 3째줄, 2째줄, 1째줄이다.

여기서 주목할 것은 대구법이 낱말의 뜻을 결정하는 데 큰 도움을 준다는 점이다. 예를 들어보자. 시편 7편 13절에는 "죽일 도구를 또한 예비하심이여"라는 말씀이 있는데 이 말씀이 "그가 만든 화살은 불화살들이로다"라는 다음 구절에서 설명이 된다. 또 이사야 46장 11절에는 "내가 동쪽동방에서 사나운 날짐승을 부르며"라고 했는데 이 구절은 그 다음에 나오는 "먼 나라에서 나의 뜻을 이룰 사람을 부를 것이라"는 대구에서 설명이 되어진다. 잠언 8장 35절에는 "나를 얻는 자는 생명을 얻고"라는 말씀이 나오는데 그 다음 절에는 반의적으로 "나를 잃는 자는 자기의 영혼을 해하는 자"라고 설명되고 있다. 이것은 앞에 나오는 구절이 뒤에 나오는 구절을 설명하여 준다.

신약의 경우를 보자. 디모데후서 2장 13절에서 바울은 "우리는 미쁨이 없을지라도 주는 항상 미쁘시니 자기를 부인하실 수 없으시리라"라고 했는데 첫째 줄의 표현우리는 미쁨이 없을지라도이 둘째 줄의 표현주는 항상 미쁘시니을 설명해 준다.

또 중요한 것은 성경의 상징적인 언어를 이해하기 위해서는 성지에서의 자연적인 현상이나 이스라엘의 종교 제도와 일상 생활과 생활 관습을 이해하는 것이 중요하다. 예를 들면, 시편 92편 12절에서 "의인은 종려나무같이 번성하며 레바논의 백향목cedar같이 성장하리로다"고 했는데 여기서 우리들이 종려나무와 백향목의 성격을 모를 때에는 이 구절을 제대로 해석하지 못한다. 종려나무는 타마르tamar라고 하는데 대추야자 나무를 말한다. 귀중한 식량과 음료수가 된다. 승리의 상징이며 안식과 풍요를 상징한다. 예수님께서 예루살렘에 입성했을 때 사람들이 종려나무 가지를 들고 흔든 것은 예수님의 승리와 왕으로서의 환영을 뜻한다. 따라서 종려나무같이 번성한다는 것은 하나님께서 주시는 최고의 축복이다. 다음으로 백향목은 레바논의 백향목이 가장 유명하다. 소나무과에 속해 있으며 가장 오래 산다. 보통 1천 년씩 산다. 웅장함과 권세를 상징하는 나무인데 성전이나 궁궐을 짓기도 하고, 때로는 배를 만들기도 한다. 늙거나 쇠함이 없다는 뜻이다. 보통 10미터 이상 자란다.

또 시편 51편 7절의 "우슬초로 나를 정결하게 하소서 내가 정하리이다"라는 구절을 바로 해석하기를 원한다면 이스라엘에서 행하는 정결의식에 대해서 어느 정도의 지식을 가져야 한다. 우슬초는 구약에 9번, 신약에 2번 나온다. 이것은 출애굽기 12장 22절에서 볼 수 있듯이 피 뿌리는 데 사용한다. 또 문둥이를 깨끗하게 하기 위하여 의식을 행할 때에 사용하기도 한다레 14:4; 민 19:6. 즉 우슬초는 이스라엘의 의식에 중요한 의미를 가진다.

마태복음 8장 24절에 보면 "바다에 큰 놀이 일어나"라는 구절이 있는데 여기서 놀이란 세이스모스seismos 즉 "지진"을 뜻한다. 이 구절은 유사 구절인 마가복음 4장 37절과 누가복음 8장 25절을 보면 라이프스laips, "광풍" 혹은 "폭풍"이라는 뜻이다. 히브리서 1장 3절에 보면 "죄를 정결하게 하는 일을 하시고"라고 했는데 유사 구절인 히브리서 9장 26절에서 분명하게 해석하고 있다. "이제 자기를 단번에 제물로 드려 죄를 없이 하시려고"라고.

성경에서 사용된 중요한 비유는 (1) 은유법과 (2) 환유법metonymies=관계에 의해서 되어지는 법, (3) 제유법synecdoche=환유법과 유사하나 성립 관계가 정신적인 것이 아닌 물질적인 데 있다, (4) 직유법simile, (5) 우화법 등이다.

은유법의 예로는 누가복음 13장 32절의 "가서 저 [여우]에게 이르되", 시편 18편 2절에는 한 절 안에 여섯 개의 은유가 나온다. "여호와는 나의 [반석]이시요 나의 [요새]시요 나를 건지시는 이시요 나의 하나님이시요 내가 그 안에 피할 나의 [바위]시요 나의 [방패]시요 나의 구원의 [뿔]이시요 나의 [산성]이시로다."

환유법의 예로는 왕을 면류관으로, 부를 부자의 뜻으로 사용하기도 한다. 데살로니가전서 5장 19절에 보면 "성령을 소멸하지 말며"라고 했는데 이것은 성령의 특별한 현상을 말한다. 솔직히 엄밀히 말해서 성령은 하나님이시기 때문에 아무도 소멸할 수 없다. 그러나 성령을 방해해서 그 사역을 제한할 수는 있다. 또 누가복음 16장 29절의 부자와 나사로의 비유에 "아브라함이 이르되 그들에게 모세와 선지자들이 있으니"라는 말은 모세와 선지자들이 쓴 책을 뜻하는 환유법이다. 이사야 22장 22절에는 "다윗 집의 열쇠"라는 말씀이 나오는데 이것은 왕궁을 지배하는 권한을 뜻한다. 제유법의 예로는 다니엘 12장 2절에서 "땅의 티끌 가운데에서 자는 자 중에서 많은 사람이 깨어나"라고 했는데 그것은 부분적 부활을 의미하는 것이 아니다. 직유법의 예로는 시편 2편 9절에서 "네가 철장으로 그들을 깨뜨림이여 질그릇같이 부수리라"는 완전한 멸망을 뜻하는 말이다. 이사야 1장 8절에는 "딸 시온은 포도원의 망대같이 …겨우 남았도다"라고 했는데 이것은 지극히 고독한 모습을 드러내는 말이다. 우화법의 예로는 시편 80편 8-15절과 요한복음 10장 1-18절을 들 수 있다.

낱말에 대한 해석을 할 때 명백하게 모순이 되거나 불합리할 때 그 낱말은 문자적인 의미가 아님을 알아야 한다. 상징적인 의미로 사용하는 경우이다. 또 이사일의二詞一意의 경우도 있다. 즉 형용사를 갖는 명사를 쓰는 대신에 두 개의 명사를 "그리고"라는 말로 연결하여 쓰기도 한다. 사무엘상 2장 3절에 "심히 교만한 말을 다시 하지 말 것이며 오만한 말을 너희의 입에서 내지 말지어다"는 중언법重言法으로 "말을 하지 말라"는 뜻이다.

문장의 어순에서 주목할 것이 있다. 히브리어에서는 규칙적인 어순은 [동사–주어–목적어]로 되어 있다. 그런데 때로는 이 어순이 다를 때가 있는데 예를 들면 맨 앞에 목적어가 나오고 그 다음에 동사와 주어가 나올 경우가 있는데 그때는 목적어를 강조하기 위해서이다. 또 [주어–목적어–동사]의 순서로 되어 있으면 이것은 주어를 강조하는 경우이다. 때로는 [동사–목적어–주어]가 나올 때는 이때도 주어를 강조하는 경우이다.

다음으로 중요한 것은 성경 해석에서는 무엇보다도 저자의 의도를 찾는 것이 중요하다. 그래서 그 성경을 기록했을 때의 의미meaning, 즉 저자가 표현하려고 하는 본래의 뜻을 찾는 것이다. 그러나 이와 함께 오늘의 우리에게 주는 의미 significance를 찾지 않고는 성경의 우리와의 관계를 찾을 수 없다. 그러기 위해서 우리는 귀납적 해석 방법을 주로 해야 한다. 조직신학에서는 연역적deductive 해석 방법을 사용하여 교리를 체계화해 왔다. 그러나 최근에는 성서 신학자들이 귀납적 해석 방법으로 강해설교를 많이 하도록 권장한다. 귀납적inductive 해석 방법은 먼저 본문을 깊이 관찰하고 다음에는 그것을 해석하고, 마지막으로 적용하는 세 가지 순서로 한다. 관찰이란 그 단어의 뜻은 물론, 배경과 내용을 자세히 분석하는 작업이다. 관찰 단계는 성경 본문을 펴놓고 6하 원칙 5W1H에 따라 조사하는 것이다. 누가?Who:주인공, 관련된 등장인물, 언제?When:역사적 시기:일어난 일인가?, 어디서?Where:배경, 무엇을?What 사건의 내용, 사상, 상황, 결과, 어떻게?How: 방법, 전개 과정.

해석 단계는 상황과 시대적 배경 및 앞뒤 문맥을 살펴서 성경을 통해 말씀하고자 하는 하나님의 뜻과 의도를 발견해 내는 과정이다. 해석의 원리는 크게 세 가지이다. 첫째로 문법적인 해석의 원리로서 단어와 문맥, 번역의 조사, 비유·상징·예화의 의미를 찾는다. 두 번째는 역사적 해석의 원리로서 역사 상황과 배경을 이해하는 단계이다. 세 번째는 신학적 해석의 원리로서 교리사, 교회 역사 속에 나타난 신학적 해석을 한다.

네 번째 단계는 적용의 원리이다. 즉 성경의 관찰과 해석을 자신의 삶에 적용하는 것이다. 여기서 다섯 가지의 질문이 도움이 된다. 즉 내가 피해야 할 죄가 무엇인가? 내가 주장해야 할 하나님의 약속은 무엇인가? 내가 따라야 할 모범은 무엇인가? 내가 순종해야 할 명령은 무엇인가? 하나님, 예수 그리스도, 성령에 대해서 새롭게 깨달은 지식은 무엇인가?

다음에는 본문을 해석하는 데 중요한 것은 성경의 장르에 따라야 한다는 것이다. 왜냐하면 성경은 여러 가지의 장르로 되어 있기 때문이다. 예를 들면 역사, 지혜, 예언, 묵시, 비유, 율법 등으로 되어 있다. 다음에는 저자의 의도에서 벗어나지 말아야 한다. 지금의 나의 눈으로 보는 것이 아니라 저자가 뜻하려고 하는 것이 무엇인지를 찾아내는 것이다. 그 후에 그것을 오늘의 우리들에게 적용하는 것이 귀납적 해석 방법이다. 3P 즉 Possible가능한 적용, Practical실제적인 적용, Personal개인적인 적용을 한다.

성경 공부의 종류로서는 먼저 (1) 문답식 성경 공부가 있는데 네비게이토가 큰 도움이 된다. 그리스도인의 확신, 그리스도인의 생활 지침10단계, 그리스도인의 제자가 되는 길6단계가 있다. 다음은 (2) C.C.C.의 입문 편그리스도의 유일성:10단계가 있다. 그 외에 (3) Joy선교회, U.B.F.선교회, I.V.F.선교회 등의 교재가 있다. 두 번째 종류로서는 ABC식 성경 공부가 있다. 공부하고 싶은 성경의 장이나 단락을 분석적으로 연구하는 데 기본이 되는 방법이다. 예를 들면 제목, 중심 구절, 도전하는 말씀 적용, 문제점 발견, 내용 파악과 메시지 작성인데 이것을 위해서는 성서공회에서 발행하는 팸플릿을 구입하여 공부할 수도 있다. 다음은 책별 성경 공부가 있다. 예를 들면 주요 인물 파악과 이해, 역사적 배경과 상황 연구장소, 지리, 문화적 배경, 책의 기록 목적, 주제, 전체 개관, 기타단어 연구, 원어, 다른 번역본 비교 연구. (4) 주제별 성경 공부 방법이 있다. (5) 인물별 성경 공부가 있다.

필자가 성서 신학자로서 평생을 살아왔지만 성경 연구에

서 가장 어려운 것이 첫째는 성경의 배경사 연구이고 다음은 "그 말씀을 했을 때의 삶의 정황이 무엇이었는가"를 발견하는 것이었다. 대부분의 주경 신학자들도 원문을 통한 의미에 대해서는 비교적 많이 연구하고 있지만 그 말씀의 "삶의 정황"Sitz im Leben에 대해서는 거의 언급을 하지 않기 때문에 그것을 찾아내는 일이 가장 어려웠다. 따라서 당시의 유대교는 물론 미슈나Mishna와 탈무드Talmud 같은 것도 연구했다. 솔직히 말해서 필자는 이런 것들을 연구하기 위해서 히브리어와 헬라어, 라틴어, 영어와 독일어, 불어 등 여러 나라의 언어를 배우는 데 너무 많은 시간을 보냈다고 생각한다. 어리석게도 연구보다는 연구를 위한 도구인 언어 연구에 더 많은 시간을 보낸 것이다.

특히 비유 연구에서 삶의 정황情況을 이해하는 것은 결정적 요소이다. 여기서 중요한 것은 아돌프 유리커1899의 One Point Lesson, C.H. 다드의 삶의 정황1936, J. 예레미아스1970의 제2의 삶의 정황저자의 의도을 발견하는 것이다. 삶의 정황의 연구가 중요한 이유는 그것에 의해 해석이 달라지기 때문이다.

(예) 마태복음 11장 16-19절의 장터에서 노는 아이들의 비유, 마태복음 13장 31-33절의 겨자씨와 누룩 비유.

다음은 묵시문학에 대해서 언급하려고 한다. 그것은 예언문학과 묵시문학을 혼동하는 경우가 많기 때문이다. 묵시문학으로 된 것은 구약의 다니엘서와 신약의 계시록이 대표적 묵시문학에 속한다. 이 묵시문학은 주전 200년에서 주후 200년 사이에 이집트와 팔레스타인에서 기록된 문학의 장르이다. 묵시문학은 하늘과 땅, 인류와 하나님, 천사들과 악마들, 이 세상에서의 생명과 내세의 생명에 관한 비밀을 기록한 특별한 문학 장르이다. 묵시문학은 아마도 이스라엘의 예언자들의 전통에서 생긴 것으로 보인다. 이스라엘의 마지막 선지자가 쓴 말라기서는 주전 450년 경에 기록한 책이다. 위경인 아브라함의 묵시록, 바룩의 묵시록, 이사야의 승천서, 모세의 승천서, 바룩 2서, 아담과 하와의 생애, 시비라인의 신탁, 아브라함의 언약, 열두 족장들의 유언 등이 이 묵시문학에 속한다. 묵시문학서들은 대부분 구약의 위경에 있다.

1974년에 사해 사본이 발견되었는데 그것도 묵시문학인 것이 많다. 묵시문학은 대부분 유대인들이 외국인들의 핍박에 대항하여 기록된 것이다. 기독교의 묵시문학은 유대인들에게서 영향을 받은 것으로 요한계시록을 비롯해서 주후 100년에 기록된 에녹서, 4에스라서 등이 있다. 성경에 나오는 묵시문학은 구약의 이사야 24-27장, 스가랴 1장 7절-6장 8절, 다니엘서와 신약의 계시록이다.

그러면 묵시문학의 특징은 무엇인가?

(1) 환상들visions: 이 환상들은 계시록과 다니엘서와 에스겔서에서 볼 수 있는 것처럼 저자가 체험한 위기 속에서의 트라우마Trauma나 개인적 혹은 사회적 사건에 의해서 생겨난 것이다.

(2) 윤리들ethics: 환상적 체험의 결과로 저자는 윤리적 결론을 이끌어 낸다. 계시록 2-3장에서 요한은 서방의 소아시아터키에 있는 일곱 교회에 보내는 편지를 기록하고 있다. 일곱 교회에 보내는 편지는 당시 교회가 당면한 특별한 문제들을 기록하고 있다. 요한이 본 환상은 하나님께서 기록하라고 명령하신 것이다계 1:19. 이 구절은 특별히 계시록의 세 가지 성격, 즉 과거계시1장, 현재계시2-3장, 미래계시4-22장로 된 것임을 말해 준다.

(3) 익명성pseudonymous authorship: 저자의 이름을 기록한 것은 요한계시록뿐이다. 다른 묵시록들은 다 과거에 있었던 유명한 예언자들의 이름을 빌려서 기록되었기 때문에 저자를 알 수가 없다. 예를 들면 에스라, 에녹, 바룩, 예레미야, 아브라함, 모세, 아담 등이다. 이런 유명 예언자들의 이름을 빌린 것은 그 책의 권위를 높이기 위해서이다.

(4) 강력한 상징symbolism: 묵시록의 특징은 상징들이 많이 나온다는 점이다.

그 시대의 사건들, 악한 통치자들, 이방국가들을 동물과

짐승으로 상징하고 있다. 그러나 하나님을 믿는 사람들은 사자, 잘 보관된 식물들로 묘사되고 있다. 독자들은 이 상징이 뜻하는 바를 다 알 수 있도록 기록한 것이다.

(5) 메시지messages: 저자는 묵시록을 통해서 독자들에게 중요한 메시지를 전달한다. 묵시록에 나오는 중요한 메시지들은 다음과 같은 것들이다.

[가까이 온 말세]: 저자는 말세가 가까이 왔음을 기록한다. 2바룩서 85장 10절에는 이런 말씀이 나온다. "이 세상의 젊음은 이미 갔고, 창조의 힘은 이미 다 소진하였다. 시간은 이미 급박하였고, 아니 벌써 지나가고 있다. 주전자는 우물 가까이에 와 있고 배는 항구에 와 있다. 도시로 가는 여행길과 생명은 완료된 것이다". 다른 묵시록에 보면 종말이 가까이 왔음을 여러 상징들로 표현하고 있으며 급박함을 강조하고 있다.

[전 우주적 사건]: 종말은 단순히 세상에서만이 아니고 전 우주적임을 말한다. 세상은 전 우주의 비극에 일부일 뿐이다. 두려운 시간은 이미 왔다. 세상은 큰 환란을 당하게 될 것이다 4바룩서 5:1.

[역사는 조각난다]: 역사에 대한 비관적 견해와 함께 저자는 역사는 창조 전에 이미 예정되었다고 말한다. 역사는 두 시대로 나누어진다. 사탄과 악마들에 의해 통치되는 이 세대는 멸망할 것이고, 하나님의 통치가 이루어질 것이다.

[천사와 마귀들]: 묵시문학에는 천사들과 마귀들이 역사의 드라마 속에 많이 나온다.

악의 문제는 사탄과 마귀들에 의해 설명된다. 타락하지 않은 천사들1에녹서 6-36은 신실한 백성들을 보호하고 섬긴다. 에녹서와 12족장들의 언약서, 희년서Jubilees에는 천사와 악마에 대한 묘사와 사역에 대해 자세히 기록하고 있다. 요한계시록에도 그 메아리를 볼 수 있다.

[새 하늘과 새 땅]: 묵시록에 묘사된 종말은 창조의 시작으로 기록하고 있다. 하늘로부터 새 하늘과 새 땅이 임한다고 했다. 옛 창조는 파괴되고 하나님이 통치하는 새 창조로 대치된다계 20-22장. 2에녹서 65장 7-10:2절, 바룩서 48장에는 하나님의 율법에 신실한 자들은 구원받을 것이라고 했다.

[하나님의 왕국]: 에녹서 41장에서는 세상이 심판받는 장소를 세밀하게 기록하고 있다. 다른 묵시록에서는 하나님의 왕국이 새 창조에서의 궁극적 통치라고 했다에녹 84:3; 계 11:15; 단 4:17. 묵시록의 전체를 보면 하나님의 왕국과 하나님의 통치가 중심을 이루고 있다.

[메시아]: 메시아, 즉 하나님과 인간의 중보자가 묵시록에 나오며 세상을 구원할 자로 기록하고 있다. 이 인물은 메시아, 인자, 택하신 자, 혹은 중보자로 나타난다.

[영광]: 이 세상은 사탄이 통치하기 때문에 의인은 고통을 당한다. 그러나 이 상황은 미래에 가서 완전히 바뀐다. 이 영

광의 비전은 소망의 말씀으로 혹은 믿는 자에게 주는 격려로 나타난다. 영광은 하나님의 백성들에게 올 것이다. 그들은 필요한 능력을 가져 의미 있는 삶을 이 세상에서 누릴 것이다.

끝으로 올바른 주석 사용법을 언급하려고 한다. 많은 목회자들이 성경을 읽다가 모르면 급하게 주석을 사용하는 경우가 많은데 그 경우 설교자의 창의성을 상실하게 되기 때문에 바로 주석을 사용하는 것은 바람직하지 않다. 그러나 성경 해석자가 문법적 성경 사전을 통하여 개별적인 구절의 뜻을 찾는 것은 아주 좋은 방법이다. 주석을 사용하는 경우는 먼저 해석자가 창의적인 연구를 한 후에 하는 것이 바람직하다. 그렇지 않으면 영원히 주석 책의 노예가 되고 말기 때문이다. 그러나 그 구절에 대한 확실한 문제점을 가지고 있다면 되도록 많은 주석 책을 참고하는 것이 좋다. 어떤 문제에 대해 자신의 주석이 타인의 일반적인 주석과 내용이 상반될 경우에는 다시 한 번 자신이 수집한 내용을 검토하고 주석의 타당성 여부도 살피는 것이 필요하다. 왜냐하면 자신의 잘못된 해석을 찾아내게 되기 때문이다.

영성 개발의 마지막 단계는
영성 훈련이다

    훈련이 없는 이론은 백해무익하다. 그래서 주님께서도 마지막으로 하신 지상명령을 보면 "내가 너희에게 분부한 모든 것을 가르쳐 [지키게 하라]"마 28:20고 했다. 가르치는 것만으로는 부족하고 그것을 "지키게 하라"고 한 것은 훈련을 의미한다.

    영성 훈련은 간단히 말하면 제자도의 실천이요 섬김의 도를 실천하는 것이요 선교하는 데 있다. 여기서는 뜨레스 디아스Tres Dias에서 하고 있는 영성 훈련의 방법과 지금 많은 교회에서 하고 있는 제자 훈련의 방법 등을 소개하려 한다. 그것을 각자의 형편에 따라 훈련하면 영성 개발을 이룰 뿐 아니라 교회 성장과 선교 훈련에도 큰 도움이 될 것으로 믿는다.

⑴ 1950년대 이후에 일어난 뜨레스 디아스Tres Dias를 통한 영성 개발 방법이 있다. 물론 그 유행은 한물갔지만 그러나 그 운동이 왜 나오게 되었는지, 거기서 배워야 할 것은 무엇인지 우리는 알아야 한다. 이 뜨레스 디아스는 1940년 가톨릭에서 시작한 영성 훈련인 꾸르실료Cursillo가 개신교에 도입되면서 붙여진 이름이다. 뜨레스 디아스는 스페인어로 "사흘"이라는 뜻이다. 3박 4일의 독특한 프로그램에 의해 실시된다. 3일 동안 크리스천의 기본이 되는 체험을 통해 하나님과 하나가 되게 하고 소명을 깨달아 알게 하고, 응답하는 체험의 여정이라고 할 수 있다. 우리가 기억할 것은 이 영성 훈련은 가톨릭에서도 20년간의 내용 변경과 실행상의 문제점들을 수정 보완한 것이란 사실을 꼭 기억해야 한다.

사실 뜨레스 디아스는 가장 각광받는 평신도 영성 훈련이다. 한국에는 1967년 5월에 한국 가톨릭에 도입되었다. rollo라고 하는 15개의 주제별 강의 제목을 보면 뜨레스 디아스의 내용을 한 눈에 알 수 있다. ①삶의 이상 ②은혜 ③교회 ④성령 ⑤경건한 신앙 ⑥성경 공부 ⑦성례전 ⑧그리스도 안에서의 행동 ⑨은혜의 방해 요소 ⑩지도자 ⑪환경 ⑫은혜 안의 생활 ⑬크리스천의 공동체 생활 ⑭새 공동체 모임 ⑮4번째 날.

그러나 한국 교회에서 실시하는 내용을 보면 조금 다르다. 예를 들면 ①묵상기도 ②성찬식 ③편지 보내기 ④선물 보내기 ⑤특별 기도회 ⑥세족식 ⑦회개한 죄목 태우기 ⑧촛불 길걷기 ⑨사랑의 포옹 ⑩아침 만남의 시간 ⑪침묵 훈련 ⑫개인 고백의 시간 ⑬간증 시간 등 다양하다.

여기서 우리는 뜨레스 디아스를 신학과 목회학적으로 어떻게 보아야 할까? 필자는 미국에서 목회를 할 때 L.A.에 있는 은혜 한인교회의 김광신 목사의 경우를 보고 이 뜨레스 디아스를 잘만 활용한다면 목회 성공에도 큰 도움이 될 수 있다는 것을 확신하게 되었다. 필자는 예장 통합 총회에서 뜨레스 디아스에 대해 내린 결론에 신학적으로 아무런 하자가 없기 때문에 대부분의 내용을 받아들인다.

먼저 뜨레스 디아스의 긍정적인 면은 두 가지이다.

첫째는 짧은 시간의 훈련을 통해서 신앙의 감격과 섬김의 훈련 경험을 갖게 하고 봉사와 충성의 결단을 높여 준다는 점에서 좋다. 둘째는 비록 가톨릭에서 시작된 프로그램이지만 내용의 수정과 보완만 한다면 한국 교회의 영성 훈련에도 큰 자극과 도전이 될 것으로 믿는다.

그러나 뜨레스 디아스에 조심할 것도 있음을 잊지 말아야 한다. 첫째는 한국에서는 각 단체마다 자의적으로 변형 운영하고 있기 때문에 그것이 이단과 관계가 있는 단체인지 아니면 불건전한 단체에서 하는 것인지 반드시 알아야 한다.

둘째는 이단에 속한 단체일 경우는 그들이 이 영성 훈련을 세력 확장의 방편으로 이용하고 있기 때문에 당회장의 추천 없이는 하지 않는 것이 좋다.

셋째는 기성 교회에 분란을 일으키지 않도록 해야 한다. 훈련에 참석한 경험자들이 신앙적 교만으로 파당을 일으키는 예를 필자는 미국에서 체험했기 때문이다. 그때에는 교회 성장이 아니라 교회 분열의 위험성도 있기 때문에 당회장의 치밀한 지도가 필요하다. 왜냐하면 "구더기 무서워 장 못 담그는" 우를 범하지 말아야 하기 때문이다.

넷째는 세례 받지 않은 초신자들이 뜨레스 디아스의 모임에 참석했을 경우 세례 의식에 참석했을 때 교회의 규정에 어긋날 가능성이 있고 더욱이 포옹 훈련, 그것을 "아브라조"라고 하는데 이런 가톨릭 용어를 무분별하게 사용하지 않도록 하는 것이 좋다. 더구나 한국에서는 남녀 간에 함부로 포옹하는 것은 영성 훈련이 아니라 방탕 훈련이 되기 때문에 조심해야 한다.

결론적으로 필자는 뜨레스 디아스에 대해 몇 가지 제언을 하려고 한다.

첫째는 이 영성 훈련 프로그램이 교단으로부터 인준된 것이 아니기 때문에 당회장의 허락과 추천 없이 하는 것은 교회 분열의 원인이 되므로 주의가 요하는 영성 훈련임을 기억해야 한다. 그러나 지금은 변혁의 시대이다. 교회든 사업체든 국가든 변하지 않는 것은 살아남지를 못한다. 그러므로 위험성이 있다고 안 하면 결국 살아남지를 못한다. 뜨레스 디아스 운동을 복음 안에서 긍정적으로 보완하고 발전시켜 교회 성장에 이용하는 것이 바람직하다고 본다. 왜냐하면 현재 영성 훈련으로 추천할 만한 것이 많지 않기 때문이다. 그러므로 쁘레스 디아스란 이름부터 가톨릭적 용어를 개신교에 맞도록 고치고 내용도 보완한다면 좋은, 새로운 영성 훈련이 될 수 있을 것이다. 예를 들면 "사흘간의 영성 훈련"이라는 이름도 좋을 것이라고 생각한다.

(2) 여러 가지의 제자 훈련 방법이 있다.

첫째로 열방대학에서 실시하는 훈련은 제자 훈련은 물론 섬김의 도를 강조하는 특징이 있다.

둘째로 하용조 목사와 옥한흠 목사를 비롯한 여러 교회에서 실시하는 제자 훈련 방법도 도움이 된다. 그러나 여기서 주의할 점은 주님의 제자를 양육해야지 목회자의 제자를 양육하는 우를 범하지 말아야 한다.

셋째는 이형자 권사가 기도를 통해 개발한 횃불회를 활용하는 방법이다. 각 지역마다 횃불회가 있으므로 이 횃불회를 통한 훈련을 통해서 네 가지 불을 가질 수 있다. 첫째는 기도의 불, 둘째는 말씀의 불, 셋째는 선교의 불, 넷째는 부흥의 불이다. 필자도 횃불회 강사 중 한 사람이다.

4
영성 개발은
섬김과 선교로 열매를 맺어야 한다

우리가 사는 사회는 너무도 복잡하고, 죄로 인해 찢기고 얼룩졌기 때문에 관심만으로는 부족하며 연구되어져야 한다. 최소한 그 분야의 전문가들의 말을 들어야 한다. 우리가 사회에 참여하는 이유는 사회에 참여하지 않고 복음을 전할 수도 없고 하나님의 사랑을 나눌 수도 없고, 세상에서 소금과 빛의 삶을 살 수가 없기 때문이다. 선교가 영성 개발에서 가장 중요한 이유는 그것이 영성 개발의 시작이요 목적이요 마지막 과정이기 때문이다.

그리스도인의 목표가 무엇인가? 그것은 그리스도를 닮아가는 것이다. 그리스도처럼 낮아지고 섬기는 자가 되어야 한다. 우리가 예수님을 주Lord라고 고백하는 것은 첫째는 예수님을 하나님으로 고백하며 예배하는 것이며 둘째는 예수님의 종이 되는 것, 즉 그를 따르는 것을 의미한다.

요한복음 13장 13-14절에 이런 말씀이 나온다. "너희가 나를 선생이라 또는 주라 하니 너희 말이 옳도다 내가 그러하다 내가 주와 또는 선생이 되어 너희 발을 씻었으니 너희도 서로 발을 씻어 주는 것이 옳으니라". 예수님 당시에는 손님이 오면 발을 씻겨 주는 아름다운 풍습이 있었는데_{당시에는 먼지가 많았기 때문이 눈병 든 사람들, 즉 맹인들이 많았다} 그것은 종이 하는 일이었다. 처음 예수께서 제자들의 발을 씻기려 했을 때 제자들이 거절한 것은 종이 하는 일이었기 때문이었다. 그러나 주님은 제자들의 발을 씻겨 주심으로 섬기는 삶을 모범적으로 보여주셨다.

1. 제자 됨과 섬김의 삶은 무엇인가?

"제자"라는 단어는 서신들을 제외하고는 복음서 어디에나 나오는 말이다. 헬라어로는 '마세테스'로 문자적 의미는 '배우는 자'이다. 신약시대에 그 단어는 여러 가지 의미로 사용되었다. 첫째는 특별한 학파 또는 전통들을 추종하는 자들로 간주되었다. 예를 들면 바리새인들의 제자들, 또는 세례 요한의 제자들을 말할 때 사용되었다. 둘째는 이스라엘에서 랍비가 다른 이들을 훈련시키게 하는 전통적인 관계 속에서 예수님이 선택한 12제자들을 지칭하였다. 셋째는 광범위하게 예수님을 지지하는 자들을 묘사하는 데 사용되었다. 즉 믿는 자요 8:31, 13:35, 15:8라는 의미로 사용되기도 했다. 그러나 복음서에 나오는 제자들이라고 불리운 자들이 다 전적으로 헌신된 것은 아니다. 요한복음 6장 66절에 보면 예수님을 따랐던 자들 중에도 어려운 일이 생겼을 때에는 예수님을 따르지 않은 경우도 있었다. 그러나 여기서 우리가 제자라고 할 때 그것은 마태복음 28장 19절의 의미를 말한다. 즉 완전히 헌신되어 순종하는 자들이라는 뜻을 말한다.

다시 말해서 제자란 말은 옛 자아본능을 중심으로 살던 자아를 버리고 주님의 속성과 본질을 따르는 새로운 자아로 바뀌어지는 것을 요구한다. 그래서 주님은 "누구든지 나를 따라오려거든 자기옛 자아를 부인하고 자기 십자가를 지고 나를 따를 것이니라"마 16:24고 했다. 그러면 여기서 말하는 십자가는 무엇인가? 그것은 자기를 부인하는 것이며 아버지의 뜻에 복종하는 것을 말한다. 그래서 주님은 겟세마네에서 "나의 원대로 마시옵고 아버지의 뜻대로 하옵소서"라고 기도했던 것이다. 따라서 주님의 제자가 된다는 것은 자신의 뜻과 하나님의 뜻 사이에서 갈등을 일으키게 될 때에 하나님의 뜻을 선택하는 것이다. 따라서 제자가 된다는 것은 매일의 삶에서 날마다 죽는 생활을 하는 것이다.

놀라운 것은 복음서에 그처럼 자주 나오던 제자란 말이 사도행전에 보면 그 빈도가 적고, 서신들에서는 완전히 빠져 있다는 점이다. 무엇 때문인가? 에베소서 4장 22-24절에 보면 이런 말씀이 나온다. "너희는 유혹의 욕심을 따라 썩어져 가는 구습을 따르는 옛 사람을 벗어버리고 오직 너희의 심령이 새롭게 되어 하나님을 따라 의와 진리의 거룩함으로 지으심을 받은 새 사람을 입으라". 따라서 복음서와 같이 제자란 용어는 나오지 않지만 제자가 가져야 할 훈련 과정으로 대체되고 있다. 서신들은 그리스도의 공동체를 한 가족으로 보고 있다. 즉 형제자매로 보고 있는 것이다. 그리고 하나님의 몸으로 보고 있다엡 4:16. 따라서 은사를 강조한다히 10:24-25. 복음서와 서신들을 비교하면 제자 됨에 있어서의 "변화의 목표"는 같으나 다른 점은 복음서에서는 개인적인 자아가 강조되었다면 서신에서는 공동체의 일원으로서의 지체 의식을 더 강조하고 있다는 점이다. 이것을 간단하게 표현하면 목표는 복음서나 서신이나 똑같이 변화를 강조하고 있다. 그러나 그 핵심이 복음서에서는 십자가를 지라예수님의 말씀에 순종고 했으나 서신에서는 옛 사람을 버리고 새 사람을 입으라예수님의 말씀에 순종고 했다. 서신에서는 좀 더 넓은 면에서 "제자도"를 말하고 있을 뿐이다. 그 과정을 보면 복음서에서는 한 랍비와의 관계요 소규모 그룹 속에서의 "제자도"를 말씀한 반면에 서신에서는 "지역 교제"를 강조하면서 "가족과 몸의 관계"로 "제자도"를 보고 있다는 점이다.

    제자 됨에 있어서 중요한 것은 섬김의 도를 떼어놓을 수 없다는 점이다. 구약에서는 "에베드"ebed=종, 노예로 번역됨라고 했는데 섬기다라는 뜻이 더 정확하다. 강조형은 "아바드"인데 그 뜻은 "강제로 섬기게 하다" "노예로 만들다"라는 뜻이다. 고대 이스라엘에서는 섬기는 자 즉 종이란 말은 ①주인의 재산의 상속창 15:2자 ②주인의 대를 잇기도 하고대상 2:34-35 ③안식일에는 노동의 금지도 받고출 20:10 ④매년 7년 되는 해에는 무상으로 해방되기도 한다신 15:12. 또 다른 동사는 "샤라트"로서 뜻은 "섬기다"를 의미한다. 그러나 여기서 주목할 것은 섬김의 도는 결코 비천한 것이 아니며 오히려 종을 높아지게 하는 것이다. 구약에서 가장 주목할 것은 이사야서에 나타난 "여호와의 종"의 개념이다. 왜냐하면 섬김의 도에 관한 가장 중요한 가르침을 주고 있기 때문이다. 여호와의 종에 관한 가장 중요한 구절은 이사야서의 네 곳이다. 먼저 이사야서 42장 1-9절의 말씀이다. 이 구절은 여호와의 종이 어떤 사역을 할 것인가를 기록하고 있다. 첫째로 하나님의 영으로 충만함을 입게 될 것이라고 했다1절. "내가 나의 영을 그에게 주었은즉". 둘째로 2절에서는 그의 겸손에 대해서 기록하고 있다. "그는 외치지 아니하며 목소리를 높이지 아니하며 그 소리를 거리에 들리게 하지 아니하며". 셋째로 4절에서는 그가 세상에 정의를 세울 것이라고 했다. "세상에 정의를 세우기에 이르리니". 넷째로 6절에서는 하나님께서 친히 그의 종을 보호할 것이라고 했다. "내가 너를 보호하며 너를 세워 백성의 언약과 이방의 빛이 되게 하리니".

다섯째로 7절에서는 그 종은 "눈먼 자들의 눈을 밝히며 갇힌 자를 감옥에서 이끌어 내며 흑암에 앉은 자를 감방에서 나오게 하리라"고 했다.

다음 이사야서 49장 1-6절에서는 하나님의 신뢰할 수 있는 종으로서의 선포를 기록하고 있다. 그는 하나님의 영광을 나타낼 것이며3절, 그는 헛되이 수고를 할 수도 있으나4절, 이스라엘 중에 보전된 자를 돌아오게 하고, 이방인의 빛으로 하나님의 구원을 베풀어 땅 끝까지 이르게 할 것6절이라고 했다.

또 이사야서 50장 4-10절에서 하나님께서는 그의 종을 계속해서 안내하신다고 했다. "학자들의 혀를 내게 주사 나로 곤고한 자를 말로 어떻게 도와 줄 줄을 알게 하시고 아침마다 깨우치시되 나의 귀를 깨우치사 학자들같이 알아듣게 하시도다". 6절에서는 그의 종이 당할 고통까지 말씀하고 있다. "나를 때리는 자들에게 내 등을 맡기며 나의 수염을 뽑는 자들에게 나의 뺨을 맡기며 모욕과 침 뱉음을 당하여도 내 얼굴을 가리지 아니하였느니라". 그러나 하나님께서는 그의 종을 도우시며9절, "보라 주 여호와께서 나를 도우시리니". 마침내는 그의 종을 통하여 "흑암 중에 행하여 빛이 없는 자라도 여호와의 이름을 의뢰하며 자기 하나님께 의지"하게 될 것을 말씀하신다.

끝으로 여호와의 종에 관한 가장 중요한 구절은 52장 13절-53장 12절의 말씀이다. 그는 비록 인간의 모양으로서는 고통으로 말미암아 거절을 받으나 하나님께서는 그를 높이 들려서 지극히 존귀하게 될 것이라고 했다52:13. "보라 내 종이 형통하리니 받들어 높이 들려서 지극히 존귀하게 되리라". 53장에 나오는 구절들은 고난주간 때에 반드시 읽혀지고 설교되어지는 구절이다. 여호와의 종은 멸시를 받고 싫어 버린 바 되며 형벌을 받고 인간들의 허물을 위하여 죽으시는 속건제물로 되겠지만 그의 종은 죽은 후에 다시 부활하게 되어 그의 노력의 소산을 보고는 높이 들려지게 된다고 했다11-12절.

여호와의 종에 관한 위의 구절들은 첫째로 여호와의 종으로서의 예수님에 관한 속성을 말씀해 주고 있고 또 섬김의 도를 따르는 우리들의 속성을 보여준다는 점에서 중요한 의미를 가진다.

다음은 신약에서의 섬김의 도에 대한 구절들이다. 헬라어로 "둘류오"doulow라는 말은 "노예로 섬기다"라는 뜻이다. 다른 동사 "디아코네오"diakonew는 단순히 "섬긴다"는 뜻이다. 이 단어는 다른 명사들과 합하여 여러 가지의 뜻으로 사용되고 있다. 예를 들면 식탁에서의 섬김눅 10:40, 도움이 필요한 형제들을 위하여 부조를 모으는 일행 11:29; 고후 8:4, 그리스도의 말씀을 나누는 일딤전 4:11; 고후 11:8 등에 사용되고 있다. 그런데 위의 두 단어의 사용에서 큰 차이점은 당시 헬라인들은 이런 형태의 섬김을 수치스럽고 비천한 것으로 생각하였으나 주님은 "인자가 온 것은 섬김을 받으려 함이 아니라 도리어 섬기려 하고 자기 목숨을 많은 사람의 대속물로 주려 함이니라"마 20:28고 함으로써 종의 새로운 의미를 부여했다. 다시 말해서 섬김을 존귀한 것으로 보았다는 점이다. 그러므로 우리는 섬김의 모범을 주님에게서 배워야 하고 그의 발자취를 따르도록 해야 한다.

예수님의 섬김의 도에 대해 가장 잘 가르친 것은 마태복음 20장 17-34절의 말씀이다. 성경에 보면 예수님의 제자들까지도 처음에는 높아지려고 싸우고 경쟁했지만 주님은 마태복음 20장 25-28절에서 섬김을 받는 것이 아니라 섬기는 것이 가장 존귀함을 일깨워주셨다. "너희 중에 누구든지 크고자 하는 자는 너희를 섬기는 자가 되고 너희 중에 누구든지 으뜸이 되고자 하는 자는 너희의 종이 되어야 하리라"마 20:26-27고 말씀하셨다. 그러므로 주님을 따르려 하는 자들은 섬김의 도 안에서 성장해야 한다. 그러나 여기서 꼭 기억해야 할 것은 섬김의 도란 결단코 다른 사람들이 원하는 것을 하는 것이 아니라 다른 사람이 필요로 하는 것을 충족시키기 위해 돕는 것이란 점이다.

그래서 바울은 빌립보서 2장 3-4절에서 이렇게 말하였다. "아무 일에든지 다툼이나 허영으로 하지 말고 오직 겸손한 마음으로 각각 자기보다 남을 낫게 여기고 각각 자기 일을 돌볼 뿐더러 또한 각각 다른 사람들의 일을 돌보아 나의 기쁨을 충만하게 하라". 그러면서 바울은 빌립보서 2장 5-8절에서 주님의 케노시스kenosis, 즉 겸허설을 말씀하고 있다. 성경에는 그 구절을 "자기를 비워"빌 2:7라고 번역했다. 그러나 이것은 예수님께서 하나님이시기를 중지했다는 뜻은 아니다. 그것은 주님의 절대적 겸손을 뜻하는 말이다. 신약성경에서는 케노오kenow를 은유적인 의미로 사용하고 있는 것이 특징이다고전 1:17, 9:15; 고후 9:3. 중요한 것은 신약성경에서는 예수님은 신성과 여러 가지의 속성을 가지고 계시다고 기록하고 있다마 1:23, 11:27; 막 1:1; 요 3:13; 롬 1:4. 주목할 것은 예수님의 성육신 교리에는 예수님께서 계속 신성을 가지셨다고 기록하고 있다. 한 마디로 말해서 케노시스란 로고스가 인간의 모양으로 나타나신 "자기제한"이다. 다시 말하면 예수님은 "영원하고 일시적인" 형태로 존재했으며 또한 "무한하고 유한한" 형태로 존재한 것이다. 따라서 예수님은 100퍼센트 하나님이시며, 100퍼센트 사람이셨다.

주님을 따르는 자의 섬김의 도는 우리 자아의 욕구를 충족시키기 위해 의도된 것이 아니다. 하나님께서는 종들에게 높은 가치를 부여하고 계신다. 우리가 하나님의 종들이 된다는 것은 겸손함을 지닐 것과 하찮은 대접을 받기도 하고 교회의 이목을 끌게 될지도 모른다.

그러면 어떻게 섬김의 도 안에서 성장할 수 있는가? 세 가지 단계가 있다. 첫째는 섬김의 도를 행하기 위해서는 먼저 다른 사람들의 필요를 알아야 한다. 둘째는 다른 사람들의 정서와 감정을 예민하게 경청할 수 있어야 한다. 따라서 좋은 다른 사람들의 요구에 대해 민감하고 실제적인 방법으로 응답할 준비가 되어 있어야 한다. 셋째는 우리가 개인적인 우선권을 세우고 그것을 지켜나가야 한다. 무엇을 제일의 자리에 놓아야 하는가? 나의 계획, 나의 욕망, 나의 필요가 아니라 예수님처럼 자신의 관심사를 제쳐놓고 다른 사람들의 요구를 기꺼이 들어주어야 한다. 그러므로 제자의 도와 마찬가지로 섬김의 도 역시 전적으로 헌신되지 않으면 안 된다.

그러면 섬기는 삶이란 무엇인가?
(1) 여섯 가지의 의미가 있다. 첫째는 그리스도를 높이는 것이다요 3:30. 둘째는 여호와 하나님을 경배하는 것이다. 셋째는 예수님을 전파하는 것이다고후 4:5; 사 42:1. 넷째는 다른 사람의 유익을 구하는 것이다고전 10:33. 다섯째는 주님의 사랑으로 섬기는 삶이다막 10:45. 여섯째는 주인을 돌보는 것이다창 19:2.

(2) 우리는 왜 섬겨야 하는가? 그리고 섬김의 대상은 누구이며 어떤 태도로 섬겨야 하는가? 먼저 섬겨야 할 이유는 첫째로 주님께서 섬기는 마음을 가지라고 했기 때문이다. "너희 안에 이 마음을 품으라 곧 그리스도 예수의 마음이니"빌 2:5. 둘째는 예수님의 주 되심을 전파하는 것이기 때문이라고

후 4:5. 셋째는 다른 사람들의 유익을 구하여 그들로 구원을 받게 하기 위해서이다고전 10:33. 넷째는 모든 성도들은 다 그리스도의 장성한 분량에까지 이르러야 하기 때문이다엡 4:13.

(3) 누가 우리의 섬김의 대상인가? 첫째로 모든 사람이다. 왜냐하면 누구든지 주의 이름을 부르는 자는 다 구원을 받기 때문이다행 2:21. 둘째로 믿음의 가정들을 섬겨야 한다갈 6:10. 어떤 태도로 섬겨야 하는가? 무엇보다도 믿음과 사랑으로 섬겨야 한다엡 1:15. 끝으로 상대방을 부요하게 하려는 마음으로 섬겨야 한다고후 8:9.

섬김에서 가장 중요한 것은 영성의 열매로서 그것은 사회에서의 사랑 실천과 선교에 비례한다.

(1) 사랑의 실천
조지 휫필드는 이렇게 고백했다. "하나님의 사랑이 내 영혼에 넘쳐흐르자마자 어떤 교파를 막론하고 주님을 사랑하는 모든 사람을 사랑하게 되었다".

첫째, 사랑의 원천요일 4:10, 19; 요 3:16: 사랑이 있는 곳에 하나님은 계시고 하나님은 사랑 안에 머무실 뿐 아니라 사랑이 그의 안에 머물고 있기 때문에 우리는 사랑을 해야 한다헨리 드러몬드의 말이다.

둘째, 사랑의 대상막 12:29-30; 시 18:1; 막 12:31; 요일 4:20; 딤전 5:8; 눅 6:27; 막 5:44.: 사랑의 대상은 사람들뿐 아니라 심지어 자연까지도 포함되어야 한다. 창세기 1장 28절에 "땅을 정복하라"는 구절은 원문에 가깝지 못한 번역이다. 땅을 경작하라, 좀 더 정확하게는 하나님의 문화명령으로 해석해야 할 것이다. 사람들은 이 구절을 정복만으로 해석하기 때문에 자연을 개발한다는 미명하에 자연을 훼손하고 있다. 그 결과 자연으로 인한 재앙은 인간의 생명까지 위협하고 있다.

셋째, 사랑의 원칙요 13:15, 34: 예수님의 사랑이 가장 잘 나타난 곳이 바로 십자가이다. 주님은 사랑의 실천에 대해 이렇게 말씀했다. "사람이 친구를 위하여 자기 목숨을 버리면 이보다 더 큰 사랑이 없나니"요 15:13.

예수님의 십자가 사랑에 버금가는 펠리칸Pelican이란 새의 사랑이 있다. 겨울이 가까우면 새끼들을 위해 멀리 가서 먹이를 물어 날아와서 먹인다. 그러나 먹이도 떨어지고 새끼들이 굶주려 있는 모습을 보고 자신의 큰 부리로 자기 가슴을 쪼아 새끼들을 먹인다. 새끼들이 배부를 때 어미 펠리칸은 죽고 만다. 얼마나 깊은 모성애인가?

넷째, 사랑의 십계명을 기억하자.

(1) 에베소서 1장 4절하나님의 선택은 사랑의 실천을 위한 (2) 에베소서 3장 17절사랑의 뿌리와 터는 믿음에서 시작됨 (3) 에베소서 4장 2절합당한 생활은 사랑 가운데서 오래참고, 서로 용납하는 것 (4) 에베소서 4장 15절표준은 그리스도의 분량에까지 성장하는 것 (5) 에베소서 4장 16절지체의 분량대로 역사하고 자라야 함 (6) 에베소서 5장 2절그리스도께서 하신 것같이 사랑으로 온전한 제물이 되어야 함 (7) 골로새서 2장 2절사랑 안에서 연합할 것 (8) 고후 6장 6절거짓이 없는 사랑이어야 함 (9) 유다서 21절하나님의 사랑 안에서 자신을 지켜야 함 (10) 로마서 13장 10절사랑은 율법의 완성이다.

(2) 끝으로 선교 훈련이 영성 훈련의 결론이며 열매이다.

불행하게도 종교개혁기에는 선교에 힘을 쏟지 못했다. 그것은 첫째로 선교는 하나님의 주권에 속했다는 선입견이 있었다. 둘째는 교회가 가톨릭에 비해 너무 미미했기 때문이다. 셋째는 유럽의 개신 교회는 아시아, 아프리카와 고립되었기 때문이었다. 그 결과 개신 교회는 18세기까지는 가톨릭 교회에 그 주도권을 빼앗기게 되었다. 그러나 경건주의가 일어나면서 그 분위기는 바뀌었다. 경건주의의 시조는 필립 슈페너Philip Spener:1635-1705이다. 경건주의의 요점은 전도의 열정이 없는 한 선교의 비전이 있을 수 없고, 개인적 경건의 생활이 없는 한 전도의 열정이 있을 수 없으며 진정한 회심의 체험이 없는 한 개인적 경건의 생활이 있을 수 없다는 것이었다. 따라서 경건주의자들 사이에서 자연히 선교의 열정이 살아났다.

그 후 영국에서 근대 선교 운동이 일어났다. 1649년에 창설된 복음선포회가 일어났다. 본래는 북미의 인디언 선교를 위해 일어난 것이다. 여기서 파송된 최초의 선교사는 존 엘리오트이고, 요한 웨슬레도 이 단체 후원으로 조지아 주에서 선교 활동을 했다. 그러나 뭐니 뭐니 해도 근대 선교의 아버지는 윌리암 캐리1761-1834이다. 그는 1792년에 《이교도의 회심을 위해 수단을 사용하는 그리스도인의 책임에 관한 조사》라는 87쪽의 책을 출간했는데 그의 선교에 대한 확신을 볼 수 있다. 이 책은 마틴 루터의 92개조와 비교할 수 있는 책이다. 캐리는 1793년 6월 13일에 인도로 출발하여 40년 동안 선교 사업에 종사하였다.

19세기에 와서 라틴 아메리카에서 스페인과 포르투갈의 신민지 체제는 점차적으로 쇠퇴하였으나 다른 지역에서는 확장되었다. 유럽 국가의 침투에는 외교관과 상인과 선교사의 세 그룹이 들어갔기 때문에 피선교지 국민들에게는 정치적, 경제적, 문화적 식민주의로 보이기도 했다. 19세기는 선교의 위대한 세기라고 할 수 있다. 왜냐하면 수많은 선교사들이 나타나 활동하였기 때문이다. 그들은 복음을 땅끝까지 전파하기 위하여 많은 노력을 하였다. 19세기 후반에 발생해서 20세기에 많은 열매를 맺은 대표적인 세 운동은 신앙 선교 운동Faith Mission Movement과 성서 학원 운동Bible Institute Movement과 학생 자원 운동Student Volunteer Movement이다. 신앙 선교 운동은 모든 필요한 것의 공급을 주님께 의지하는 선교이다. 19세기에 발생해서 지금까지 활발히 활동하고 있다. 대표적인 단체로 위클리프 성서 번역협회Wycliffe Bible Translators와 대학생 선교회Campus Crusade for Christ, 1951가 있다. 이 운동의 특징은 계속적인 동적 성장, 창조적 선교 활동, 예를 들면 방송, 성경통신 과정, 영화 등에 의한 전방위적 선교 활동이다.

성서 학원 운동은 무디 성서 학원Moody Bible Institute, 1886이다. 졸업생 중 5,400명 이상이 전 세계에서 활동을 하였다는 점은 주목할 일이다.

그러나 20세기에 들어오면서 많은 대참사가 일어났다. 이 20세기는 역사에서 최초로 세계 대전이 일어난 것이다. 그러나 이런 가운데서 전쟁과 폭력을 극복하기 위해서 수많은 종류의 운동이 일어났다. 1919년 국제연맹과 그 계승자인 UN의 설립을 들 수 있다. 특별히 주목할 것은 1910년 에딘버러에서 일어난 국제적 선언이다. 에큐메니칼 운동이 일어난 것이다. 이 운동은 불행하게도 한국 교회의 분열을 가져왔다.

현재까지 연구된 것 가운데 중요한 것은 첫째 복음과 문화의 관계에 대한 선교학적 연구이다. 여기서 1960년대의 토착

화Indegenization와 1970년대의 상황화Contextualization가 선교의 주의제로 나타났다. 더욱이 성육신적 선교의 접근이 강조된 것은 선교사는 이중문화에 적응하는 위치에 있기 때문이다. 선교 지역 문화 속에서 그 곳 사람들과 어떻게 일체감을 가지고 적응해야 하는가에 대한 노력이라고 할 수 있다.

그러면 선교란 무엇인가? 선교란 말은 13세기 가톨릭교회에서 사용하기 시작했다. 그들은 수도원의 수사를 선교사라고 불렀다. 즉 세상에 보냄을 받아 세상을 위하여 일하는 사람이라는 뜻이다.

한국에서는 해외에서 복음을 전하면 선교Mission이고, 국내에서 복음을 전하면 전도Evangelism라고 불렀다. 그러나 북한선교, 의료선교 등에서 볼 수 있듯이 선교란 말은 국내의 여러 곳에서도 사용되고 있다. 그래서 나온 개념이 하나님의 선교란 개념이다.

(3) 하나님의 선교Missio Dei: 선교란 삼위일체 하나님의 구원 역사로서 그의 선교는 세 가지 형태로 표현된다고 말한다.

첫째, 하나님의 선교는 하나님의 거룩한 뜻을 펴는 창조적 활동에서 시작된다.

둘째, 하나님의 뜻을 배신한 인간과 화해하기 위해서 구약시대에는 예언자들을 보내시고, 신약시대에는 독생자 예수님을 이 땅에 보내어 십자가를 통해서 하나님과 화목게 하시고 그의 부활을 통해 역사의 부조리와 죽음에 대한 승리를 하게 하신다.

셋째, 하나님과 승천하신 예수님께서는 보혜사 성령을 보내어 만민에게 복음을 전파케 하고, 삼위일체 하나님의 선교가 성취되도록 하신다. 따라서 하나님의 선교는 삼위일체 하나님의 모든 사역의 본질이며 창조질서의 회복이다. 하나님의 구원 활동은 인간들을 죄의 사슬에서 해방시키고 동시에 불의한 사회, 경제, 정치적 세력에서 해방시키며 빈곤과 정신적 고뇌에서 해방시키고, 사회적 구원을 이루시는 것을 하나님의 선교라고 말한다. 그러나 필자는 선교의 개념을 너무 광범위하게 정의하는 것을 반대한다. 이것은 필자의 박사학위 논문에서도 자세히 언급하고 있다. 다만 바이엘하우스의 말로 결론을 대신하려고 한다. "만약 모든 것이 선교라면 아무것도 선교가 아니다" If everything is mission, then nothing is mission. 이 광의의 선교인 하나님의 선교 개념에서 해방신학, 여성신학 등 수많은 신학이 탄생했다. 그것이 부조리한 현실의 개혁을 위해 잠정적으로 필요했으나 그것이 선교의 본질은 아니라고 생각한다.

(가) 그러면 무엇이 선교인가?

좁은 의미의 선교는 마태복음 28장 18-20절의 말씀처럼 하나님에 의해 보내심을 받고, 복음과 사랑의 실천을 통해 하나님의 가족이 되도록 하는 것이다. 그러나 넓은 의미의 선교는 요한복음 17장 18절, 20장 21절에서 볼 수 있듯이 모든 성도들이 다 선교사이며 따라서 자기가 있는 자리에서 선교적 사명을 가지고 각기 다른 일터에서 섬기는 데서 예수의 향기와 복음을 전파하는 것이다.

(나) 선교의 명령

선교는 어디서, 누구에게 하는 것인가? 행 1:8; 눅 24:47. 선교사는 어디까지 가야 하는가? 시 96:3, 10; 막 16:15. 선교는 누구에게 하는 것인가? 막 16:15; 마 28:19. 이 질문은 선교사 자신은 물론 신학자들에게 끝없는 연구의 대상이 될 것이다.

(다) 선교의 주체 갈 6:1-12; 요 6:44-45; 행 1:8.

"성령이 너희에게 임하시면 너희가 권능을 받고 예루살렘과 온 유대와 사마리아와 땅 끝까지 이르러 내 증인이 되리라". 이 말씀은 선교의 주체는 성부 하나님과 그리스도와 보혜사 성령이심을 분명히 하고 있다.

(라) 선교의 동기 요 3:16; 고후 5:14-15

왜 우리는 선교를 해야 하는가? 그것은 하나님의 사랑과 그리스도의 사랑 때문이다. 그래서 베드로전서 2장 9절에서 베드로는 우리의 신분을 말씀한 후에 "이는 너희를 어두운

데서 불러내어 그의 기이한 빛에 들어가게 하신 이의 아름다운 덕을 선포하게 하려 하심이라"고 했다. 바로 선교를 언급한 것이다. 또한 선교는 하나님의 뜻이요 그를 기쁘게 하는 방법이다. 그뿐 아니라 선교는 우리의 믿음을 활성화하고, 구원받은 자의 마땅한 사명이기 때문이다.

(마) 선교사의 개념요 17:18, 20:21

넓은 의미에서 믿는 모든 사람들이 선교사가 되어 가정에서, 사업 터에서, 전문직에서, 기도와 선교비를 통해서 여러 가지로 선교할 수 있다. 이것이 하나님의 선교 개념이다. 따라서 과거 한국 교회가 구호로 삼았던 "가라 아니면 보내라"는 말은 비성경적이다. 왜냐하면 요한복음 17장 18절, 20장 21절의 말씀은 믿는 모든 사람이 선교적 사명을 가져야 한다고 말씀하고 있기 때문이다. 또한 선교사로 보내는 주체가 '우리'가 아니라 바로 '주님'이심을 기억해야 한다.

선교 방법으로는 여러 가지가 있으나 비즈니스 선교를 추천한다. 필자 자신이 그 방법을 활용해 보았기 때문에 더욱 자신있게 말한다. 사실 비즈니스 선교란 말은 틀린 말이다. 왜냐하면 비즈니스사업와 선교는 목적과 방법이 서로 다르기 때문이다. 정확하게 말하면 '선교의 목적으로 사업을 한다'는 것이 정확하다. 그러면 비즈니스 선교가 왜 필요하며 방법적으로 무엇이 다른가? 비즈니스 선교가 필요한 것은 크게 두 가지 이유가 있다. 첫째로 선교를 법적으로 금하는 나라도 비즈니스만은 환영하기 때문이다. 따라서 입국을 위한 비자 신청에 절대적으로 유익하다. 둘째는 지금 한국 교회의 현실을 볼 때 선교를 할 만큼의 경제적 입장이 안 되기 때문이다. 몇 년 전만 해도 교회들이 성장하면서 너도 나도 선교사를 파송하는 경향이었으나 지금은 교회들의 재정이 말이 아니다. 그러나 이것은 결코 선교사를 파송하는 것을 반대하는 것은 아니다. 비즈니스 선교는 장기간의 선교로서는 많은 제한이 있기도 하다.

그러면 비즈니스 선교에는 어떤 것이 있는가? 비즈니스 선교에는 ①선교 방법으로서의 비즈니스Business as a mission, ②선교를 위한 비즈니스Business for mission, ③비즈니스를 위한 선교Mission for Business, ④비즈니스를 관문으로 한 선교Business to Mission ⑤비즈니스를 통한 선교Mission through Business ⑥선교를 통한 비즈니스Business through Mission 등이 있다.

필자가 이 문제를 단순히 학문으로서가 아니라 체험으로서 연구하기 위해 바리스타가 되어 잠시 동안 비즈니스 선교를 하였으나 불행하게도 실패하였다. 그래서 그것이 간단한 문제가 아님을 알게 된 것이다.

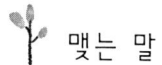 맺는 말

알렉산더 대왕은 자신의 관의 측면에 두 손이 나오도록 구멍을 뚫게 했다고 한다. 그것은 죽은 사람의 빈손을 보고 교훈을 받으라는 뜻이었다. 우리 대부분의 인간은 그 무엇을 소유하기 위해 일생을 보낸다. 하지만 그것은 죽을 때는 가진 것을 다 놓고 간다는 것을 잊고 있는 것이다. 이 얼마나 허무한 인생인가? 마태복음 16장 26절에 보면 주님은 생명이 온 천하보다 귀하다고 했다. 그러므로 소유보다 중요한 것은 생명이며 존재 그 자체이다. 그러면 어떻게 인생을 보람 있고 가치 있게 살 수 있는가?

어거스틴은 그의 참회록에서 인간은 세상에서 그 무엇으로도 영혼의 공허를 채울 수 없으며 오직 그리스도만이 인간의 공허목마름을 채울 수 있다사 55:1-3고 고백했다. 그러므로 영성 회복을 통해 자신의 사명감을 깨닫고 주님의 발자취를 따르는 사람만이 참으로 의미 있고 행복하고 역동적인 삶을 살 수 있다.

필자가 이 책을 쓴 이유도 바로 여기에 있다.

고백하건데 필자는 에리히 프롬이 1976년에 쓴 《소유냐 존재냐》라는 책을 통해 큰 충격을 받았다. 필자가 지식을 소유하려고 평생을 보낸 것이 얼마나 어리석은가를 깨우쳐 주었기 때문이다. 돈을 소유하려고 하는 것이나 권력을 소유하려고 하는 것이나 명예를 소유하려고 하는 것이나 지식을 소유하려는 것이나 매 일반이 아닌가? 다같이 어리석은 것이다. 지식도 따지고 보면 다 목적을 이루는 하나의 수단일 뿐이다. 중요한 것은 현재의 나의 존재 그 자체가 아닌가? 과거는 볼 수도 없고 다시 오지도 않으니 우리에게는 기억으로만 남을 뿐이고, 미래는 아직 내게 오지 않은 하나님의 영역이니 우리에게 아주 중요한 것은 바로 현재의 나의 존재일 뿐이다. 따라서 인격의 배양이나 그리스도를 본받아 하나님께 기쁨을 주며 섬기는 삶을 사는 존재보다 더 존귀한 삶은 없다. 그러므로 영성 개발은 절대적으로 필요하므로 우리는 영성 훈련을 통해서 땅끝까지 선교를 해야 할 것이다.

영성신학
– 목적 상실의 시대

초판 발행일 | 2015년 8월 20일

지은이 | 신성종
펴낸이 | 임만호
펴낸곳 | 도서출판 크리스챤서적
주 소 | 135-867 서울시 강남구 선릉로 112길 36(창조빌딩 2층)
전 화 | 02)544-3468~9 **팩 스** | 02)511-3920
e-mail | holybooks@naver.com
등록번호 | 제 10-22호 **등록일자** | 1979년 9월 13일

책임편집 | 임영주
디자인 | 임흥순
제 작 | 임성암
관 리 | 정진수 · 양영주

Printed in Korea
ISBN 978-89-478-0313-7 03230

정가 10,000원

※잘못된 책은 교환하여 드립니다.